实践应用型学前教育专业规划教材

幼儿园班级管理

主　编　马亚萍　马天芮
副主编　解　飞　何　馨
参　编　王　倩　刘雪松

中国人民大学出版社
·北京·

图书在版编目（CIP）数据

幼儿园班级管理 / 马亚苹，马天芮主编. -- 北京：中国人民大学出版社，2021.4

实践应用型学前教育专业规划教材

ISBN 978-7-300-29147-5

Ⅰ. ①幼… Ⅱ. ①马… ②马… Ⅲ. ①幼儿园－班级－学校管理－幼儿师范学校－教材 Ⅳ. ①G617

中国版本图书馆 CIP 数据核字（2021）第 048984 号

实践应用型学前教育专业规划教材

幼儿园班级管理

主　编　马亚萍　马天芮

副主编　解　飞　何　馨

参　编　王　倩　刘雪松

You'eryuan Banji Guanli

出版发行	中国人民大学出版社		
社　址	北京中关村大街31号	邮政编码	100080
电　话	010-62511242（总编室）		010-62511770（质管部）
	010-82501766（邮购部）		010-62514148（门市部）
	010-62515195（发行公司）		010-62515275（盗版举报）
网　址	http：//www.crup.com.cn		
经　销	新华书店		
印　刷	北京鑫丰华彩印有限公司		
规　格	185mm × 260mm　16 开本	版　次	2021 年 4 月第 1 版
印　张	14	印　次	2021 年 4 月第 1 次印刷
字　数	263 000	定　价	39.00 元

前　言

为贯彻《国家职业教育改革实施方案》，落实《全国大中小学教材建设规划（2019—2022年）》《职业院校教材管理办法》中相关教材建设的精神，不断加强教材内容改革，优化教材类型结构，在职业院校推行适应项目学习、案例学习等不同学习方式的教材，满足职业院校教师参与“一体化课堂教学改革”需求，确保职业院校“一体化课堂教学改革”顺利推进，编者在学前教育专业教学标准等文件的指导下，根据职业院校教学经验和园所工作实践，编写了本书。

幼儿园班级管理工作是幼儿园管理工作中最基础、最重要的环节，因此，培养一支熟悉幼儿园班级管理的班主任教师队伍尤其重要。为了帮助幼儿园班主任教师尽快进入角色，提高工作效率，我们按班主任工作项目和工作任务的形式编写了本书，希望对幼儿园一线班主任教师有所帮助。

本书共分为7个项目、36个任务，涵盖了幼儿园班级管理中的所有工作内容。马亚萍负责本书统稿工作；马天芮负责设计本书整体框架结构和编写项目一、项目二；刘雪松负责编写项目三、项目四；解飞负责编写项目五，并参与统稿、制作插图工作；王倩负责编写项目六；何馨负责编写项目七。

由于编者经验有限，书中难免有疏忽或错误之处，希望广大同人指正，我们将在后续工作中不断完善和提高。

编　者

2021年3月

目　录

项目一　接班前的准备工作

幼儿园班级管理工作责任重大，工作内容丰富繁杂。每个班主任老师在接班前都需要做好全面的事务性工作准备。这些事务性工作内容看似简单，但它们却是班主任老师必不可少的基础信息储备工作。下面以工作任务的形式，列举幼儿园班级管理工作中最常见的事务性工作。

任务一　了解班级成员情况

任务目标

1. 了解班级每个幼儿的家庭情况，包括幼儿的父母亲的职业、家庭成员结构、家庭对幼儿教育的态度等。
2. 了解班级每个幼儿的情况，包括幼儿姓名、性别、出生年月、在家排行、性格特点、兴趣爱好等。
3. 掌握班级成员登记方法。

任务重点

1. 熟悉班级每个幼儿的家庭情况。

2. 熟悉班级每个幼儿的情况。

3. 掌握班级成员登记方法。

任务难点

1. 全面而真实地掌握幼儿家庭情况。

2. 全面了解幼儿的性格特点。

对幼儿园教师来说，接手班主任工作，无论是面对新开设的班级还是中途接手的班级，首先要做的就是了解班级情况。

一、详细了解幼儿家庭成员情况

1. 新开设班级

班主任教师首先要做的就是尽可能全面了解班级每个幼儿的情况，越详细越好，包括幼儿家庭成员结构情况，经常与幼儿生活在一起的家庭成员有哪些，家庭主要成员的健康状况和职业状况，幼儿入园前在家由谁看管，幼儿的家庭住址，入园后由谁负责接送，幼儿的性格特点和喜好、身体状况等。具体可通过幼儿家长信息登记表（见表 1-1）、幼儿信息登记表（见表 1-2）进行记录统计。

表 1-1　幼儿家长信息登记表

班级：________　　　　入园时间：____年____月____日　　　　班主任：______

序号	幼儿信息					家长信息					幼儿情况
	姓名	性别	民族	出生日期	身份证号码	家庭成员	姓名	单位（职业）	联系电话	身份证号码	
						父亲					
						母亲					

续表

序号	幼儿信息					家长信息					幼儿情况
	姓名	性别	民族	出生日期	身份证号码	家庭成员	姓名	单位（职业）	联系电话	身份证号码	
						父亲					
						母亲					
						父亲					
						母亲					

表 1–2　幼儿信息登记表

姓名			性别		出生年月	
乳名			现住址			
家庭成员	姓名	年龄	学历	工作单位		联系电话
父亲						
母亲						
生活状况	对何种食物和药物过敏（请列举）					
	特殊的入睡习惯					
	大、小便习惯与时间					
	日常较亲密的人					
	是否挑食：是　　否			喜食：	厌食：	
	是否会自己穿脱衣服：是　　否			是否能够自己吃饭：是　　否		
健康状况	曾有过哪些疾病（请在列出疾病名称上打“√”）：水痘　皮肤病　肝炎　肺炎　哮喘　胃病　肾病　骨折　风疹　腮腺炎　白喉　癫痫病　贫血 其他（请写明疾病名称）：					
其他（紧急）联系电话：						

2. 中途接手班级

班主任教师的管理风格、个性行为对幼儿有潜移默化作用，幼儿自然而然地在潜意识中把班主任教师当作学习的楷模，因而，班主任教师是幼儿园班级管理的核心。面对中途接手的班级，班主任教师一定要和前任班主任教师做好班级内所有幼儿信息的交接工作，同时尽量挖掘每个幼儿的优点，为获得幼儿的接纳和喜欢做好准备，切忌带着偏见看待幼儿。

二、尽快与家长取得联系

不管是新班还是中途接班，教师都要在第一时间主动与家长取得联系，尽快与家长建立信任关系，以全面深入有效地了解幼儿及其家庭情况。

教师可以通过开家长会、打电话、个人约谈、微信、家访等多种方式主动与每个家长沟通。切忌在与家长和幼儿交往过程中因自己的好恶而对幼儿厚此薄彼，要做到一视同仁。

三、保持与家长的经常性沟通

幼儿生活的家庭结构越复杂，来自家庭的教育也就越多向。对于这种家庭的幼儿，教师要多给予关注，并多与家长沟通，帮助家长协调好来自家庭各方面的教育，实现家庭内部教育的统一，从而取得家庭教育与幼儿园教育的一致。

对于那些家庭结构较为单一的幼儿，教师也要给予足够的关注。经常与家长沟通，进行教育思想、教育方式等方面的交流，从而达到家园教育一致的目标。

练习与思考

1. 教师新接手班级首先应该了解班级幼儿的哪些情况？
2. 如何能够做到对班级幼儿性格方面的了解？

任务二 核对班级财产

任务目标

1. 清理并核对班级财产，包括班级内部所有财产（桌椅等）。
2. 做好财产清单登记，并要求参与人员签字确认。
3. 掌握班级财产登记方法。

任务重点

1. 清理并核对班级财产，做好财产清单登记。
2. 掌握班级财产登记方法。

任务难点

清理并核对班级财产。

幼儿园班级财产较为丰富庞杂，做好班级财产清理与核对，并建立财产清单，是班主任教师必备的基本能力。如果班主任教师接的是新班，一定要与幼儿园办公室做好财产清理与交接工作；如果是中途接班，一定要与前任班主任教师做好财产清理与交接工作。

班主任教师一定要注意，不管是从幼儿园办公室手中接管财产，还是从前任班主任教师手中接管财产，都要认真做好财产清点工作，做好与财产清单的核对工作，同时做好交接双方确认工作。

班级财产清单、班级玩教具清单如表 1-3、表 1-4 所示。

表 1-3　班级财产清单

序号	物品名称	规格型号	数量	单价	总金额	备注说明

交接人签字：　　　　　　　　　　交接时间：

表 1-4　班级玩教具清单

序号	图片	名称	数量	单价	总金额	备注说明

交接人签字：　　　　　　　　　　交接时间：

练习与思考

1. 幼儿园班级财产有哪些？
2. 教师在管理班级财产过程中应该注意哪些问题？

任务三　班级资料准备

任务目标

1. 了解班级资料的种类，包括常规资料和卫生保健资料。
2. 制作班级资料所需表格等。
3. 掌握班级资料统计及整理方法。

任务重点

利用相关表格对班级资料进行统计和整理。

任务难点

资料收集、积累、保存。

幼儿园教师在开班前要准备好班级教育教学所需的所有资料和所有的办公用品，保障日常保教工作正常进行。班级资料可分为常规资料和卫生保健资料两类。

一、常规资料

包括幼儿考勤表（见表 1-5）、幼儿档案（幼儿基本信息登记表）、幼儿入园体检表（根据园所实际情况，有些幼儿园体检表统一保管于保健室）、家长嘱托记录表（见表 1-6）等。

表 1–5　幼儿考勤表

班级：　　　　　　　　　　　　　　班主任：　　　　　　　　　　　　　　考勤人：

序号	姓名	日期																										合计
当日合计																												

说明：1. 用不同的符号区分病假与事假，便于本月班级出勤率、事假率、病假率的统计，便于下月工作的分析与调整。

2. 出勤率 = 当月班级幼儿实际出勤天数 / 当月班级幼儿应该出勤天数。

3. 病假率 = 当月班级幼儿病假总天数 / 当月班级幼儿应该出勤天数。

4. 事假率 = 当月班级幼儿事假总天数 / 当月班级幼儿应该出勤天数。

表 1–6　家长嘱托记录表

班级：　　　　　　　　　　　　　　接受嘱托人：　　　　　　　　　　　　　　嘱托时间：

幼儿姓名	家长嘱托	反馈

二、卫生保健资料

包括班级物品卫生消毒记录表（见表 1-7）、紫外线灯使用记录表（见表 1-8）、被褥清洗晾晒记录表（见表 1-9）、幼儿缺勤追踪记录表（见表 1-10）、幼儿带药服药记录表（见表 1-11）、幼儿一日生活情况记录表（见表 1-12）、幼儿晨午检记录表（见表 1-13）等。

表 1–7　班级物品消毒记录表

班级：　　　　　　　　　　　　　　　消毒人：　　　　　　　　　　　　消毒时间：

每日卫生与消毒记录								
时间	项目	方法	一	二	三	四	五	检查人
7：30	物体表面、地面	浓度 1：500 ～ 1：200 的 84 消毒液擦拭						
	空气	开窗通风						
8：00	桌面	清水→浓度 1：200 的 84 消毒液擦拭→清水						
8：50	桌面	洗洁精水→浓度 1：200 的 84 消毒液擦拭→清水						
10：00	空气	以室内温度检测为准，随时开窗通风，避免对流风						
11：10	桌面	清水→浓度 1：200 的 84 消毒液擦拭→清水						
12：00	桌面 地面	洗洁精水→浓度 1：200 的 84 消毒液擦拭→清水						
15：00	空气	开窗通风 / 新风系统						
16：30	桌面	清水→浓度 1：200 的 84 消毒液擦拭→清水						
17：00	桌面	洗洁精水→浓度 1：200 的 84 消毒液擦拭→清水						
17：20	餐勺	清洗控水，消毒柜消毒						
17：40	水杯	清洗控水，消毒柜消毒						
17：40	打饭袋、盖布	洗洁精清洗，通风晾干，紫外线照射						
17：50	地面、拖布、抹布、垃圾桶	浓度 1：500 ～ 1：100 的 84 消毒液浸泡、擦拭、冲洗						
18：00	活动室、卧室	紫外线灯照射半小时						
每周卫生与消毒记录								
时间	项目	方法	责任人				检查人	
周一	擦玻璃、窗户	清水擦拭						
周二	灯具、暖气、多媒体设备	浓度 1：500 ～ 1：200 的 84 消毒液擦拭						
周三	床、桌、椅	浓度 1：500 ～ 1：200 的 84 消毒液擦拭						
周四	玩具、围裙、水池、柜子	浓度 1：500 ～ 1：200 的 84 消毒液浸泡清洗						
周五	图书	暴晒						
	拖鞋	浓度 1：300 的 84 消毒液浸泡清洗						
	紫外线灯	浓度 75% 的酒精擦拭						
半月	床单、被套、枕套	家长带回家清洗、晾晒						

说明：1. 物体表面包括饮水机、墙面、玩具柜、床、门窗、门把手、盥洗室墙壁、楼梯扶手、水龙头、开关、桌椅等，拖布、抹布随时清洗消毒，每餐后进行桌面清洁工作。

2. 夏季应随时通风。

3. 如有传染病出现则执行全面消毒。

表 1-8 紫外线灯使用记录登记表

班级：　　　　　　　　　　日期：　　　　　　　　　　填表人：

时期	紫外线灯编号	消毒区域	消毒时间	消毒时长	负责人	备注

备注：1. 使用累计时间满 800 小时或虽不足 800 小时但灯管两端已变黑时，应及时更换灯管。
2. 每周用酒精棉球擦拭一次。

表 1-9 被褥清洗晾晒记录表

班级：　　　　　　　　　　日期：　　　　　　　　　　填表人：

时期	清洗或晾晒	记录人	备注

表 1-10 幼儿缺勤追踪记录表

班级：　　　　　　　　　　日期：　　　　　　　　　　填表人：

日期	幼儿姓名	缺勤原因	缺勤追踪记录	因病回访时间	就医机构名称	联系人	教师签字	备注

表 1-11 幼儿带药服药记录表

班级：　　　　　　　　　　日期：　　　　　　　　　　填表人：

日期	幼儿姓名	药物名称	服用剂量与时间			家长签字	喂药时间			喂药人签字	备注
			早	中	晚		早	中	晚		

表 1-12　幼儿一日生活情况记录表

班级：　　　　　　　　　　　　　　　　　　　　　　　　填表人：

序号	日期															
	幼儿姓名	午睡	排便	饮水	午睡	排便	饮水	午睡	排便	饮水	午睡	排便	饮水	午睡	排便	饮水
1																
2																
3																
4																
5																

说明：1. 午睡：正常入睡不填写，晚睡填△，未睡填○。

2. 排便：未大便不填写，大便正常填√，非正常填 /。

3. 饮水：正常饮水不填写，饮水量不够填写饮水次数。

表 1-13　幼儿晨午检记录表

班级：　　　　　　　　　　　日期：　　　　　　　　　　　填表人：

序号	姓名	晨检			午检	检查人	备注
		正常	关注	带药	幼儿情况实录		

练习与思考

1. 幼儿园班级资料有哪些种类？

2. 怎样整理幼儿园班级资料？

项目二　一日生活常规

幼儿一日生活常规就是幼儿每天在幼儿园需要遵守的规则，是幼儿在幼儿园各种活动的基本行为规范。包括三方面含义：一是遵守各种活动和休息的时间及顺序；二是遵守一日生活各环节具体制度；三是遵守幼儿的一般行为规范。

幼儿一日生活常规是保障幼儿在园内规范生活、学习、交往的基本性制度，也是培养幼儿良好生活、学习、交往习惯的重要内容。每个班主任老师都要熟知幼儿一日生活常规，并有效地运用到班级管理工作中去。

幼儿园保教人员工作要求，是对幼儿园保教工作人员工作职责和工作内容的规定，基本上是与幼儿一日生活常规一一对应的。幼儿园内每个保教人员一定要熟悉幼儿一日生活常规和保教人员工作要求及其相关细则，必须严格遵守、认真执行，以保证幼儿在幼儿园内一日生活正常进行。

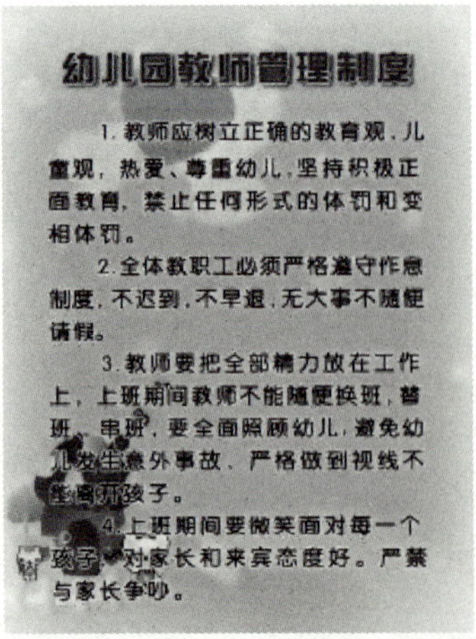

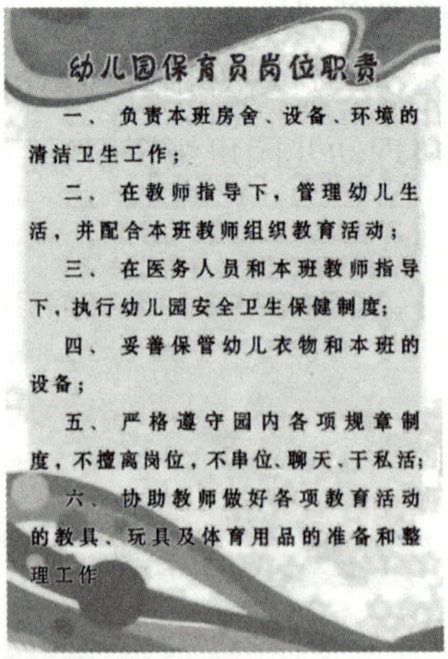

任务一　幼儿一日生活常规及保教人员工作要求

任务目标

1. 掌握工作岗位职责。
2. 掌握幼儿一日常规要求。

任务重点

1. 以规章职责要求自己，养成良好职业习惯。
2. 落实规章要求，培养幼儿良好习惯。

任务难点

培养幼儿良好习惯。

幼儿一日生活常规是幼儿园实施教育教学活动的基本保障，也是幼儿养成良好生活习惯、形成良好品质必须遵守的制度性要求。在幼儿园中，幼儿每天的生活、运动、学习与游戏是一个有机整体，只有保教人员分工有序又彼此合作，才能让幼儿在快乐分享、专注探索、安全信赖的学习生活中健康成长。因此，幼儿园教师、保育员都要熟悉幼儿一日常规及其要求，在不同的履职岗位上认真执行。表 2-1 列出某幼儿园中幼儿一日生活常规及保教人员工作要求，供大家学习、参考。

表 2-1 幼儿一日生活常规及保教人员工作要求一览表

时间及环节	幼儿一日生活常规要求	教师工作要求		保育员工作要求	
		教育	保育	保育	教育
7：30—8：00 入园	1. 服装整洁，在幼儿园门口接受晨检 2. 有礼貌地向老师问好，同家长再见 3. 入园后进行自我服务（将外衣、帽子等叠整齐，放在固定地方） 4. 愉快地参加游戏和劳动	1. 热情接待幼儿及家长，做好有关交接工作 2. 督促幼儿把晨检卡插在日晨检记录中，做到心中有数 3. 提醒幼儿自我服务或做简单的劳动 4. 组织晨间游戏活动 5. 向幼儿问好	1. 清点人数，做好记录 2. 记录并掌握需要服药的幼儿及其服药时间 3. 观察幼儿，发现异常情况及时处理	1. 打开教室门窗通风，查看室内温度 2. 准备饮用水，备好毛巾、水杯 3. 指导幼儿参加力所能及的劳动 4. 做好室内外清洁卫生消毒工作 5. 帮助、指导幼儿脱衣并叠放整齐，整理衣柜 6. 做好餐前准备	1. 主动和家长及幼儿打招呼 2. 提醒幼儿正确使用礼貌用语 3. 指导幼儿自我服务并给予适当帮助 4. 要求幼儿做事认真、细致、有序，有为集体服务的愿望
8：00—8：10 早操及韵律活动	1. 按顺序到操场集合，能迅速整齐地站成早操队形 2. 按教师口令认真做操，姿势正确，精神饱满	1. 带领幼儿到操场，集合站队 2. 精神饱满地带操，示范动作准确、有力，并指导幼儿认真做操，动作准确到位 3. 教育幼儿主动参加体育锻炼活动	1. 检查幼儿服装，要求服装能适应做操的需要，提醒幼儿擦鼻涕等 2. 注意照顾个别幼儿 3. 注意行走过程中的安全	1. 检查幼儿的服装 2. 协助幼儿按顺序到操场	注意行走过程中的安全
8：10—8：20 盥洗及餐前准备	1. 中、大班值日生清洁餐桌、分发餐具 2. 养成良好的卫生习惯，掌握正确的洗脸、洗手方法 3. 做到节约用水，不玩水和肥皂，不把水弄到地上，保持盥洗室卫生，知道珍惜他人的劳动成果	站在适宜位置，指导幼儿洗手（冬季让幼儿擦油）	1. 进餐前半小时不组织剧烈运动 2. 创设愉快的进餐气氛	1. 给餐桌消毒，指导值日生工作，每桌两块桌布，由保育员擦一遍消毒水，5 分钟后，再由幼儿用清水毛巾擦一遍桌面 2. 摆放餐具到位，筷子、勺放在碗的右边，盘放在碗的前边 3. 端饭、取饭	1. 协助教师让幼儿逐步掌握正确的盥洗方法 2. 做到节约用水、肥皂，珍惜他人的劳动成果 3. 指导值日生工作

续表

时间及环节	幼儿一日生活常规要求	教师工作要求		保育员工作要求	
		教育	保育	保育	教育
8：20 — 8：50 早餐	1. 掌握正确的进餐姿势，学会正确使用餐具（中、大班用筷子，小班用勺） 2. 进餐注意力集中，做到饭菜、干稀搭配吃 3. 保持桌面、地面整洁，不挑食、不浪费粮食 4. 饭后漱口、用餐巾纸擦嘴，正确收放餐具	1. 观察幼儿进餐情况，指导幼儿正确使用餐具，保持进餐时的正确姿势 2. 引导幼儿达到带量进餐标准 3. 教育幼儿不挑食、不浪费粮食，保持桌面整洁 4. 使幼儿养成饭后漱口、正确收放餐具的好习惯	1. 掌握幼儿进餐量和习惯，向幼儿介绍食物名称，激发幼儿食欲 2. 照顾体弱幼儿进餐 3. 不催促幼儿进餐，使幼儿学会细嚼慢咽，让每个幼儿都吃饱吃好	1. 掌握时间，准时开饭 2. 饭菜温度适宜，夏天降温、冬天保温 3. 分饭前洗手，分饭时饭菜分开，按幼儿进餐量分餐，不用手直接接触食物，减少幼儿等待时间 4. 照顾幼儿进餐，巡视进餐情况，及时为幼儿添饭盛汤，保证幼儿吃饱吃好，照顾好体弱幼儿、肥胖幼儿 5. 纠正偏食，掌握幼儿的进食量 6. 做好餐后卫生工作	1. 协助教师，让幼儿掌握正确的进餐姿势，会使用餐具，知道餐具的摆放 2. 教育幼儿进餐要专心，保持桌面干净整洁，不浪费粮食，不挑食 3. 教育幼儿收拾自己进餐后的桌面
8：50 — 9：20 活动区活动	1. 随吃完、随游戏 2. 幼儿在自选活动区进行游戏，遵守游戏常规 3. 能迅速、整齐地收放玩具 4. 动脑筋，想办法，克服困难，能友好、谦让和轻声交谈，不影响他人游戏 5. 爱护玩具和游戏设施，会整齐地取放和正确使用，并保持环境整洁 6. 能根据自己的需要随时入厕、喝水	1. 了解幼儿的心理特点、年龄、兴趣爱好，设计和合理安排各种游戏 2. 根据本班实际和教育目标，创设合理的游戏环境，因地制宜地、有目地、有计划地投放充足的游戏材料，安排好时间、空间 3. 尊重幼儿意愿，有良好的活动常规，遵守各项游戏规则 4. 注重对个别幼儿的教育 5. 引导幼儿在游戏中能主动与同伴交往和合作，鼓励幼儿自己解决问题 6. 根据幼儿游戏情况，分析评价幼儿的发展水平	1. 随时观察幼儿精神情绪的变化，有紧急情况及时处理 2. 注意防走失、防伤害，提高幼儿自我保护能力 3. 提醒幼儿根据需要随时如厕、喝水 4. 注意幼儿卫生习惯，教育幼儿不吃手、不把玩具放在嘴里等	1. 配合教师做好活动前的物质准备工作 2. 配合教师组织指导幼儿游戏，游戏中帮助幼儿解决问题，提醒、帮助幼儿如厕 3. 搞好活动室卫生，保持环境整洁 4. 教育幼儿如厕后及时冲厕所，使厕所保持干净无味	1. 关心性格内向、孤独幼儿的情绪，逐渐吸引他参加集体游戏 2. 与不喜欢参加集体游戏的幼儿一起游戏，了解他们的兴趣、爱好 3. 观察幼儿行为，配合教师对有不良行为的幼儿及时制止和教育 4. 配合教师教育幼儿友好、谦让，爱护玩具和游戏设施，会整齐地取放和正确使用 5. 教育幼儿保持环境干净整洁

续表

时间及环节	幼儿一日生活常规要求	教师工作要求		保育员工作要求	
		教育	保育	保育	教育
9：20—9：50 教育活动	1. 坐姿端正，双手自然摆放，精神集中、饱满 2. 积极参加学习活动，思维活跃，对学习有兴趣 3. 分组活动时做到“三轻”（说话轻、走路轻、拿放东西轻），养成良好的学习习惯和行为习惯，形成正确的坐姿、站姿 4. 注意倾听别人讲话，不插嘴，积极回答问题，声音洪亮 5. 与同伴友好交往，学习自己解决问题 6. 正确使用学习用具，摆放整齐，取放正确	1. 按计划做好准备，根据目标组织好教育活动，根据实际及时调整补充计划 2. 合理地运用多种教育手段，引导幼儿对学习产生兴趣，促进幼儿全面发展 3. 注意调动幼儿的积极性、主动性、创造性，为幼儿提供较充分的表现机会 4. 精神饱满、语言生动、亲切自然，能照顾每个幼儿的表现 5. 培养幼儿良好的集体教育活动常规	1. 注意活动室安全，采光、温度、湿度、通风适宜，预防可能发生的不测 2. 在集体活动中，幼儿是发展的主体，尊重幼儿的主体意识，要让幼儿感到受尊重、受欢迎和受信任，并感受到温暖 3. 注意幼儿年龄特点和实际，掌握活动量和时间，注意动静结合 4. 掌握正确的坐姿和握笔姿势，仪态大方自然；保护幼儿视力，提醒幼儿不大声喊叫 5. 照顾体弱幼儿	1. 了解教师计划，配合教学工作，配合教师为教学准备所需物品、教具 2. 配合教师做个别幼儿的工作，调动幼儿的学习兴趣，使每个幼儿参与教学活动，提醒幼儿注意力集中，纠正不良习惯 3. 站位合理，配合站位，不随便在活动室走动，保持室内安静 4. 不看书报、杂志，不做无关的事 5. 做好活动后的整理工作	1. 积极参与教育活动，观察幼儿的基本情况，有针对性地提供指导 2. 配合教师做个别幼儿工作，调动幼儿的学习兴趣并使每个幼儿参加到活动中去，随时提醒幼儿注意力集中 3. 在动手操作的活动中，协助教师帮助幼儿建立自信心，鼓励幼儿独立完成作业 4. 协助教师纠正不正确的坐姿及握笔姿势
9：50—10：00 过渡环节	1. 排队轮流上厕所，不在盥洗室玩闹、停留 2. 会使用自己的水杯喝水，不浪费水，不洒水，随渴随喝水，喝完后能把水杯放回固定的位置 3. 保持盥洗室的卫生 4. 喝牛奶后能将杯子冲干净	1. 培养幼儿定时大、小便及便后洗手的良好习惯 2. 教育幼儿按顺序用正确的方法洗手，不浪费水 3. 教育幼儿互相谦让、学会等待 4. 组织幼儿适当活动	1. 提醒幼儿随渴随喝，夏天多喝水 2. 提醒幼儿大便后用肥皂洗手，对自理能力差的幼儿给予适当帮助 3. 检查幼儿是否按正确的方法把手洗干净 4. 教幼儿正确使用毛巾和护肤品	1. 照顾幼儿如厕并帮助个别幼儿，帮助幼儿便后正确使用肥皂洗手 2. 准备牛奶，温度适中，注意幼儿的饮水量 3. 保证厕所清洁、通风、无积水 4. 检查水杯、毛巾的使用、摆放情况 5. 提醒个别幼儿按时服药	1. 提醒幼儿不在厕所中玩耍 2. 培养幼儿便后将便纸扔进纸篓里并用肥皂洗手的习惯 3. 教育幼儿节约用水

续表

时间及环节	幼儿一日生活常规要求	教师工作要求		保育员工作要求	
		教育	保育	保育	教育
10：00 — 11：00 户外活动	1. 情绪愉快，能积极参加集体游戏，又能自选游戏活动，遵守游戏规则 2. 会正确使用玩具、整理玩具、爱护玩具 3. 有主动谦让的好习惯，遇到问题能积极解决 4. 与小朋友友好游戏、互相帮助 5. 不远离教师和小朋友，不做危险的事	1. 为幼儿提供丰富的玩具、材料，准备好活动所需的场地和器械 2. 按计划开展活动，发展幼儿动作，锻炼幼儿身体 3. 尊重幼儿意愿，激发幼儿活动兴趣，内容安排适宜 4. 精神饱满、口令清晰、动作规范 5. 有计划地利用自然条件，每天保证 2 小时户外活动时间	1. 观察幼儿精神状况 2. 检查衣服、鞋带、扣子是否整理好 3. 教育幼儿提高自我保护能力，会躲闪、不碰撞 4. 合理安排活动强度和密度 5. 注意照顾个别幼儿 6. 要求幼儿活动后洗手，剧烈运动后不要马上喝水	1. 游戏前配合教师为幼儿准备游戏场地和材料 2. 活动中配合教师指导游戏，注意幼儿安全 3. 注意对体弱幼儿的个别照顾 4. 随时检查幼儿衣服、鞋带，保证幼儿安全 5. 活动结束后做好整理工作，收拾场地、教具、器械等	1. 教育个别幼儿积极、勇敢参加体育活动 2. 适机对幼儿进行安全和自我保护教育
11：00 — 11：20 餐前准备	1. 不做剧烈活动 2. 自由结伴谈话或做安静的游戏	鼓励幼儿自由结伴谈话或做安静的游戏	提醒幼儿进餐前不做剧烈活动	要求同早餐	要求同早餐
11：20 — 11：50 午餐	要求同早餐	要求同早餐	要求同早餐	要求同早餐	要求同早餐

续表

时间及环节	幼儿一日生活常规要求	教师工作要求		保育员工作要求	
		教育	保育	保育	教育
11：50—12：00 散步	1. 在教师周围自由散步 2. 散步时不推挤、不追跑	1. 督促幼儿在规定范围内自由散步 2. 引导幼儿随机观察	1. 注意安全 2. 饭后不做剧烈活动	1. 收拾餐具，拖地，冲厕所 2. 放床，做好午睡的准备工作 3. 拿午点	协助教师培养幼儿良好的生活、卫生习惯
12：00—14：30 午睡	1. 如厕，拿拖鞋 2. 迅速整理自己的衣物，按顺序脱衣、鞋，折叠好放在固定的位置 3. 不带小玩物上床 4. 上床后盖好被子，手放好，闭上眼睛，不蒙头，不玩东西，安静入睡 5. 具有一定的自控能力，不影响其他小朋友	1. 让幼儿知道午睡的好处，并能按时入睡 2. 指导幼儿按顺序脱衣服，脱下衣物放在固定地方摆整齐 3. 随时检查幼儿睡眠情况，值班人员不得离岗、坐卧幼儿床、看闲书、聊天、睡觉、吃东西	1. 创设安静、舒适的睡眠环境，提醒幼儿睡前如厕 2. 幼儿躺下后为其把被子盖好，培养正确睡姿：不蒙头、不趴睡，右内卧或仰卧 3. 观察幼儿情绪，了解幼儿睡前身体有无不适，如发现异常及时处理	1. 拉上窗帘，调节室温 2. 帮助小班幼儿铺床、脱衣服 3. 提醒幼儿如厕（小班可用便盆）	1. 为幼儿创设安静舒适的睡眠环境 2. 指导幼儿按顺序脱衣服，能互相帮助，并把脱下的衣服摆放整齐
14：30—14：50 起床、午检、午点	1. 按时起床叠被 2. 有顺序地穿衣服、鞋，送拖鞋，并能帮助别人 3. 接受午检 4. 将椅子搬到座位上放好，如厕，洗手 5. 用自己的杯子接水，会使用餐盘 6. 坐在椅子上安静地吃午点 7. 能自己收拾好果皮和纸屑	1. 指导幼儿穿衣、整理床铺，物品要摆放整齐 2. 能做到互相帮助 3. 指导幼儿吃午点 4. 教育幼儿不浪费	1. 做起床准备 2. 进行午检和检查幼儿着装（中、大班幼儿可互相检查） 3. 提醒幼儿如厕 4. 提醒幼儿洗手、喝水、吃午点 5. 注意幼儿吃东西的习惯	1. 准备好温开水、豆浆及午点，桌子用肥皂水擦干净 2. 整理被褥和睡眠室 3. 准备午点和果盘 4. 根据季节为幼儿备好温度适宜的水 5. 水桶保洁	1. 鼓励幼儿做事有顺序并做到互相帮助 2. 指导幼儿将拖鞋摆放整齐 3. 培养幼儿良好的卫生习惯 4. 培养自我服务能力，如收拾果皮

续表

时间及环节	幼儿一日生活常规要求	教师工作要求		保育员工作要求	
		教育	保育	保育	教育
14：50—15：30 教育活动	要求同前	要求同前	要求同前	要求同前	要求同前
15：30—16：30 户外活动	要求同前	要求同前	要求同前	要求同前	要求同前
16：30—17：10 晚餐	要求同早餐	要求同早餐	要求同早餐	饭后洗毛巾、刷水杯、收送餐具，搞好活动室、厕所卫生	要求同早餐
17：10—17：20 离园	1. 安静进行自选游戏 2. 离园时收拾好自己的玩具，将小椅子摆放整齐 3. 穿戴衣帽，拿好自己的物品 4. 向家长问好，同老师、小朋友再见，迅速离园 5. 不跟不认识的人走，不自己走	1. 组织幼儿安静游戏 2. 有礼貌地接待家长，与家长简单交流 3. 亲自将幼儿交给家长，不认识的人接不放幼儿 4. 教育幼儿能够将玩具收好，椅子放整齐，穿好衣服离园 5. 教育幼儿有礼貌地与教师和小朋友再见	1. 稳定幼儿情绪，照顾好未被接走的幼儿 2. 提醒幼儿检查自己的衣物，给予适当整理和指导 3. 热情主动地向家长介绍幼儿在园情况 4. 收拾活动室，做好幼儿离园后的整理工作	1. 协助教师检查幼儿服装穿戴是否整齐，准备好随身携带的物品 2. 检查水龙头、门窗插销是否关好 3. 热情接待家长，礼貌道别，注意观察幼儿是否跟随家长离园 4. 完成室内卫生及各种物品的清洁整理工作	1. 提醒幼儿有礼貌地与教师和小朋友再见 2. 指导幼儿整理衣服和玩具

练习与思考

1. 幼儿一日生活常规包括哪些方面？
2. 幼儿一日生活常规的作用有哪些？

任务二　幼儿一日生活常规细则

任务目标

明确幼儿一日生活常规细则的内容。

任务重点

掌握幼儿一日生活常规细则的具体操作方法。

任务难点

培养幼儿良好习惯。

由于幼儿在幼儿园生活学习的过程，正是幼儿生活习惯养成和道德品质形成的关键时期，所以，幼儿园会对幼儿生活细节做出规定，重在进一步细化幼儿一日生活规范，培养幼儿生活自理能力。表 2-2 详细列出幼儿一日生活常规细则的内容，供读者参考学习。

表 2-2　幼儿一日生活常规细则

<table>
<tr><th rowspan="2">序号</th><th rowspan="2">活动项目</th><th colspan="3">活动常规</th></tr>
<tr><th>小班</th><th>中班</th><th>大班</th></tr>
<tr><td>1</td><td>搬小椅子</td><td colspan="3">1. 一手握椅子背，一手握椅子面
2. 轻拿轻放在自己的位置上</td></tr>
<tr><td>2</td><td>卷袖子</td><td colspan="2">1. 在教师的帮助下卷好袖子
2. 松紧袖口向上撸，老师帮助放下袖子</td><td>1. 手心向上，四指插入袖口，大拇指压在袖口上面，向上翻，一下一下卷起来
2. 松紧袖口向上撸，洗手后由值日生帮助放下袖子</td></tr>
<tr><td>3</td><td>洗手</td><td colspan="2">1. 挤一滴洗手液，打开水龙头，把手打湿
2. 关上水龙头
3. 搓手心、手背、手指、手腕
4. 打开水龙头，边搓边冲，把手上沫冲干净，关上水龙头
5. 手向水池内甩三下
6. 摘下毛巾打开，先放在一只手上擦，再放在另一只手上擦，将双手擦干
7. 挂好毛巾
8. 在教师指导下，手心相对，将抹在手心上的油搓均</td><td>1. 会适量用油
2. 其他同小班</td></tr>
<tr><td>4</td><td>漱口</td><td colspan="3">1. 按标记取杯子
2. 含一口水，闭上嘴，两腮鼓动 3 ～ 4 下，发出“咕噜”的声音，漱口 3 次
3. 低头弯腰，将水吐入池中
4. 将水杯放回原处</td></tr>
<tr><td>5</td><td>擦嘴</td><td colspan="3">三餐后使用餐巾纸擦嘴：
1. 取一张餐巾纸，双手拿纸，拇指在上
2. 用双手拿着餐巾纸对准嘴巴，由外缘向内擦拭干净
3. 将餐巾纸对折，再擦一遍
4. 将用过的餐巾纸放在指定的地方</td></tr>
</table>

续表

<table>
<tr><th rowspan="2">序号</th><th rowspan="2">活动项目</th><th colspan="3">活动常规</th></tr>
<tr><th>小班</th><th>中班</th><th>大班</th></tr>
<tr><td>6</td><td>喝水、牛奶或豆浆</td><td colspan="2">1. 喝水前先如厕
2. 洗手
3. 取自己的水杯到自己位子上，等待老师倒水、牛奶或豆浆
4. 双手端水杯，一手拿杯子把，另一手扶杯子，不摸杯口
5. 喝完后把水杯放回原处</td><td>1. 喝水前先如厕
2. 洗手
3. 取自己的水杯到自己位子上，等待老师倒水、牛奶或豆浆
4. 双手端水杯，一手拿杯子把，另一手扶杯子，不摸杯口
5. 喝完牛奶或豆浆后，接多半杯温开水，双手端水杯回座位上喝
6. 把水杯冲干净，放回原处</td></tr>
<tr><td>7</td><td>餐桌消毒</td><td colspan="2">1. 餐桌布专用，每桌一块，每餐用后用浓度 1∶250 的 84 消毒液浸泡 5 分钟后，用清水冲干净，拧干，打开通风，晾干备用
2. 保育员餐桌消毒做到“清—消—清”：第一遍用清水去尘、擦拭；第二遍用浓度 1∶250 的 84 消毒液擦拭；第三遍用清水擦干净，每块毛巾擦一张桌子
3. 把擦桌布叠好放在桌子中间</td><td>1. 餐桌布专用，每桌一块，每餐用后用浓度 1∶250 的 84 消毒液浸泡 5 分钟后，用清水冲干净，拧干，打开通风，晾干备用
2. 保育员餐桌消毒做到“清—消—清”：第一遍用清水去尘、擦拭；第二遍用浓度 1∶250 的 84 消毒液擦拭；第三遍指导值日生用清水擦干净，每块毛巾擦一张桌子
3. 同中班</td></tr>
<tr><td>8</td><td>值日生</td><td>在老师的帮助下：
1. 用肥皂洗手
2. 老师按每桌人数将碗盘交给幼儿，幼儿双手接餐具，不靠在身上
3. 发碗的幼儿将碗放在离桌边一拳头的地方
4. 发盘的幼儿将盘放在碗前边
5. 发勺的幼儿拿勺把，将勺放在盘的右边，勺把与桌边对齐</td><td>1. 在老师的帮助下戴好围裙、套袖，用肥皂洗手
2. 三名值日生协同擦桌子，一块毛巾擦一张桌子，擦完叠好放在桌子中间
3. 值日生洗手后协同发碗、盘、筷子或勺（筷子头朝里，两只要对齐）
4. 三名值日生做完值日，互相解围裙，叠放在固定地点</td><td>1. 互相帮助戴好围裙、套袖
2. 其他同中班</td></tr>
</table>

续表

序号	活动项目	活动常规		
		小班	中班	大班
9	进餐	1. 幼儿洗手后，到老师已盛好饭的桌前进餐，随吃随盛 2. 安静进餐，姿势端正 3. 学习正确使用餐具，一手扶碗，一手拿勺 4. 会干稀、主副食搭配吃，不挑食、不剩饭，保持桌面、地面清洁 5. 饭菜吃干净，用擦桌布把桌上的残渣擦入盘内，把布放回原处 6. 将勺放入自己的碗中，碗放在盘上，双手四指托盘，拇指扶碗，将餐具按类别依次放在固定位置	1. 学习正确使用筷子 2. 会自己剥鸡蛋壳 3. 会干稀、主副食搭配吃，不挑食、不剩饭 4. 保持桌面、地面及衣服清洁 5. 将筷子横放在碗上，碗放在盘上，双手四指托盘，拇指扶碗，将餐具按类别依次放在固定位置 6. 其他同小班	1. 不用洗过的手乱摸东西，能熟练地使用筷子，懂得爱惜粮食，能将用过的餐具码放整齐 2. 其他同中班
10	睡眠	在老师的帮助下： 1. 到固定地点取拖鞋，分清左右，鞋尖向外，平放在自己的椅子下边 2. 安静地听老师讲睡前如厕或入睡前的要求，轻轻如厕 3. 洗手后进寝室，在老师帮助下脱衣服 4. 脱上衣：解开衣扣，双手握住前襟，把衣服脱至肩膀处，先拉下一只袖子，再脱另一只袖子，然后把衣服背朝外搭在椅背上 5. 脱罩裤：先把裤腰脱至膝盖处，再从裤口拉下罩裤，脱下后两裤腿重叠，裤脚与裤腰对抓，放在小椅子上 6. 上床：双脚并齐坐在被角掀起处，脱掉拖鞋，躺下，盖好被子	1. 会自己独立脱衣服，并整理好，懂得用正确的姿势睡眠 2. 其他同小班	1. 自觉安静如厕、入睡，愿意纠正入睡的不良习惯 2. 其他同中班

续表

序号	活动项目	活动常规		
		小班	中班	大班
11	起床穿衣	1. 双脚穿拖鞋下地 2. 走到自己的座位前，穿衣服：双手握住衣领，衣里向外，由前向后甩披在肩上，再将胳膊伸入衣袖，从下边最后一个衣扣向上依次扣好 3. 在老师的帮助下穿裤子，先找好前后，双手抓住裤腰，两脚伸入裤腿内，往上拉到脚露出裤脚，脚踩在拖鞋上，将裤子提起，裤腰拉平 4. 在老师的帮助下辨认左右，穿好鞋，将拖鞋平放在鞋架上 5. 遇到困难有礼貌地请老师帮助	1. 掀开被子坐起，双脚穿拖鞋下地 2. 走到自己的座位前，穿衣服。穿带拉锁的衣服时，请老师帮助对好锁头，用手捏住拉头往上拉到领口附近 3. 穿裤子同小班 4. 会自己辨认左右，穿好鞋，在老师的帮助下系鞋带，将拖鞋平放在鞋架上 5. 遇到困难有礼貌地请老师或同伴帮助	1. 会自己整理衣服，会拉拉锁，其他同中班 2. 迅速穿好裤子并穿得整齐、舒服 3. 会穿各种鞋并会系鞋带，送拖鞋 4. 同伴互相检查 5. 其他同中班
12	叠被		1. 将被子对折、铺平 2. 将枕头摆正	1. 整理床单 2. 其他同中班
13	握笔			1. 学会正确握笔姿势 2. 做到三个一：胸离桌子一拳，手离笔尖一寸，眼睛离桌子一尺 3. 不咬啃笔尖或笔头 4. 用完笔后放回固定的地方
14	擦小椅子	每周擦一次小椅子： 1. 到指定地点取一块抹布 2. 有顺序地擦自己的小椅子面 3. 将抹布放回指定地点		
15	刷牙	预防龋齿，教幼儿正确的刷牙方法： 1. 先拿牙杯，老师帮助取牙膏（使用儿童含氟牙膏），接温开水多半杯，漱口 2. 把牙刷浸湿，一只手端杯子，一只手拿牙刷刷牙：上牙从上往下刷，下牙从下往上刷，先刷前面，后刷上两侧、下两侧，每个部位反复刷 10 次，每次刷 2 ～ 10 秒钟 3. 刷完后漱口 3 次，将牙刷冲干净 4. 收放牙具，牙刷刷头向上		

续表

练习与思考

1. 幼儿一日生活常规细则主要针对哪些方面做了规定？
2. 幼儿一日生活常规细则对幼儿养成良好习惯有什么作用？

任务三　保教人员常规工作细则

任务目标

了解、熟知保教人员常规工作细则的具体内容。

任务重点

掌握保教人员常规工作细则的操作方法。

任务难点

保教人员常规工作细则的操作方法。

有人认为，在幼儿园工作中，保育工作远不如教育工作重要，对教育活动、观摩课、公开课、各种比赛活动等教育工作比较重视，忽视对幼儿的冷热、饥饱、精神状况等保育工作。这种认识和做法是偏离幼教工作重点的表现，是片面的、不合适的。

教育部《幼儿园工作规程》明确指出，幼儿园的任务是：贯彻国家的教育方针，按照保育与教育相结合的原则，遵循幼儿身心发展特点和规律，实施德、智、体、美等方面全面发展的教育。由此可见，保育工作在幼儿园各项工作中是一个举足轻重的方面。保育工作质量关系到幼儿园的工作质量，甚至关系到幼儿园能否顺利推进教育教学。因此，幼儿园中的保育工作至关重要。保教人员工作常规细则如表 2-3 所示。

表 2-3 保教人员工作常规细则

序号	活动项目	教师常规细则	保育员常规细则
1	进餐护理	1. 餐前组织幼儿进行安静游戏，保持幼儿良好的情绪，不在此时处理问题，提醒幼儿如厕 2. 做好进餐准备，指导幼儿用流动水、洗手液洗手 3. 用简单生动的语言介绍食物，引起幼儿的食欲 4. 随时观察幼儿，发现异常及时处理 5. 安排餐后幼儿活动	1. 餐前穿好围裙、套袖，洗手，认真指导值日生工作（小班保育员帮助发碗盘的值日生清点每桌的人数，并按人数准备相应的碗盘） 2. 注意饭菜保温：冬季注意保暖，及时盖好盖；夏季不盛烫饭 3. 培养幼儿独立进餐的习惯，每人一盘一碗，饭菜分开，正确使用餐具；及时公平地分好饭菜，耐心照顾个别幼儿，不催促幼儿 4. 掌握进食量，进餐时间不少于 20 分钟，保证幼儿吃得好 5. 协助教师培养幼儿进餐常规，教育幼儿正确使用餐具，及时为幼儿添饭 6. 幼儿全部进餐完后，收拾餐具、擦桌子、擦地、倒餐巾纸
2	睡眠护理	1. 观察幼儿睡眠情况，照顾好每一个幼儿，随时为幼儿盖好被子，帮助幼儿纠正不良睡姿或坏习惯，如不蒙头、不趴睡、不咬被角，宜右侧卧或仰卧 2. 不在寝室聊天或做其他事情，保持一个人照看幼儿午睡，一小时内让幼儿都要睡着	为幼儿创设良好的午睡环境：及时拉上窗帘，根据季节调节室内温度
3	体弱幼儿护理	1. 对班上的体弱幼儿做到心中有数，并设有登记册 2. 对不同类型体弱幼儿采取不同的方法照顾，例如：对于肥胖幼儿，要与家长联系，使其增加活动量，注意控制饮食等	

练习与思考

1. 保教人员工作常规细则的内容是什么？
2. 为什么要对保教人员工作常规进行规定？

任务四　幼儿园各种活动内容、方法、常规要求

任务目标

明确幼儿园各种活动的内容、方法及常规要求。

任务重点

教育幼儿在认知活动中掌握规则与方法。

任务难点

教育幼儿在认知活动中掌握规则与方法。

幼儿园活动内容丰富，涉及幼儿一日生活、学习的方方面面。可以根据活动性质划分为生活、运动、游戏、学习等四大类。幼儿园活动内容的确定、活动方法的设计和一日常规要求的制定，都源自教育部《幼儿园教育指导纲要（试行）》（以下简称《纲要》）和《3～6岁儿童学习与发展指南》（以下简称《指南》）。

各类活动在幼儿学习与发展中都具有特殊的价值，为了做到在生活中学习、在游戏中学习，使一日生活成为真正的教育整体，要求保教工作者必须严格执行各种活动要求。为了方便保教人员更好地落实以上内容与要求，我们把幼儿参与的活动的内容、方法和常规要求整理如表 2-4 所示。

表 2-4　幼儿参与各种活动内容、方法、常规要求一览表

序号	内容	方法	学习经验	幼儿 / 保教人员常规要求
1	上下楼梯	双脚交替走	1. 动作协调 2. 一个跟着一个走 3. 安全规则	1. 靠右边走 2. 不互相推拉或拥挤 3. 不骑、滑楼梯栏杆 4. 不蹦跳
2	跑步	一步步地跑	1. 自我保护 2. 动作协调 3. 灵活机敏	1. 注意四周 2. 不猛跑、猛停 3. 会躲闪 4. 防止碰撞
3	户外游戏	集体或分散玩	1. 合作交往 2. 规则意识	1. 整理衣裤、鞋带，不漏小肚皮 2. 不到高处玩耍 3. 不玩带刺或尖角的物品 4. 不远离集体 5. 不靠近大门 6. 不接近陌生人 7. 保教人员检查场地及设施，关好大门，视线不离开幼儿
4	集体外出	手拉着手	1. 合作意识 2. 集体意识	1. 确认并紧跟前边的小朋友 2. 手拉着手 3. 不掉队 4. 不随便离队 5. 队伍前、后、中间都有教师 6. 教师随时清点人数
5	交通安全		1. 认识交通标志 2. 学习交通规则	1. 遵守交通规则 2. 不在街上乱跑
6	乘车	独坐或靠在成人身边	1. 自我保护 2. 安全意识 3. 助人为乐 4. 遵守公德	1. 不将头、手伸出车外 2. 不在车上大声喧哗 3. 不在车上玩耍和跑动 4. 扶好把手 5. 不玩车窗和门 6. 顺序上下车，不蹦跳 7. 不相互推挤

续表

序号	内容	方法	学习经验	幼儿 / 保教人员常规要求
7	入园	高高兴兴	1. 集体意识 2. 自我控制	1. 家长将幼儿交入教师手中 2. 检查幼儿是否带危险物品 3. 询问健康情况分放色牌入袋 4. 记录带药情况 5. 视线不离开幼儿 6. 不做其他无关活动
8	吃药	对号入座	自我服务	1. 保育员检查姓名 2. 检查药量 3. 看着幼儿用温水服下 4. 观察幼儿服药后的情况 5. 做记录 6. 药品收入安全处
9	离园	高高兴兴	1. 集体意识 2. 合作交往	1. 检查衣物 2. 检查接送卡 3. 亲自交给家长 4. 代接幼儿必须有接送卡 5. 幼儿离园后再与家长交谈 6. 晚托、寄宿幼儿要交到夜班老师手中，并填写交接记录
10	使用剪刀	操作正确	1. 操作技能 2. 小肌肉练习 3. 规则意识 4. 自我约束	1. 掌握操作技能 2. 递给别人剪刀要手握剪刀的尖 3. 用毕要合好放归原处 4. 不拿剪刀乱跑
11	电器	远离	1. 危险意识 2. 自我保护	1. 电源插座高 1.5 米 2. 不玩弄电源插头、插座、电线 3. 不玩弄火柴、打火机
12	消毒品	远离	1. 危险意识 2. 自我保护	1. 存放在远离幼儿的安全处 2. 随时使用随时领 3. 贴有明显标签 4. 使用有记录
13	小物品	正确使用	1. 自我控制 2. 安全意识 3. 生活经验	1. 不把小球、钱币等放入口中 2. 不吞吃非食物 3. 不将小物品放入口鼻中
14	攀岩	攀爬、追逐	1. 手脚动作协调 2. 臂肌力 3. 运动知觉 4. 轮流等待	1. 手上不能拿东西，抓紧岩点 2. 一步步踩扎实 3. 不互相推拉 4. 不做危险动作

续表

序号	内容	方法	学习经验	幼儿 / 保教人员常规要求
15	交替小路	二脚交替或单脚跳	1. 平衡、协调 2. 轮流等待 3. 感知弹性	1. 一步步踩扎实 2. 不互相推拉 3. 不做危险动作 4. 走到终点轻轻跳下
16	平衡器	摇摆	1. 轮流等待 2. 合作分享 3. 协调运动 4. 有节奏运动	1. 双脚放稳后开始摇荡 2. 不玩时先停止再下 3. 只能一人玩 4. 中间不能坐人 5. 可以互相扶着
17	滑梯	脚朝下坐着或躺着滑	1. 轮流，等待 2. 体验重力 3. 判断安全距离	1. 不带玩具或其他物品上滑梯 2. 不推挤 3. 保持安全距离 4. 滑下后立即离开 5. 依滑梯大小限制使用人数
18	攀登架	攀爬、追逐	1. 手脚动作协调 2. 空间知觉 3. 相互协调	1. 手上不拿东西 2. 不妨碍别人
19	月儿摇	前后摇	1. 轮流，等待，分享 2. 运动知觉 3. 节奏性运动	1. 限定人数 2. 在指定处轮流等待 3. 远离幼儿
20	爬绳	攀爬、摇荡	1. 空间知觉 2. 勇气 3. 动作协调 4. 身体灵活 5. 自信	1. 手上不拿东西 2. 抓紧绳索，两手交替向上爬 3. 依爬网大小限制使用人数 4. 不妨碍别人
21	爬杆	抓握爬上滑下	同上	1. 每次只能一人玩 2. 其他同上
22	钻桶	钻爬	1. 轮流，等待 2. 协调动作	同上
23	带轮玩具	拖拉、推或搭乘	1. 轮流，等待 2. 锻炼臂力 3. 协调动作 4. 掌握方向	1. 在指定区域内玩 2. 不推车撞人、撞物 3. 行进时保持适当速度 4. 玩完后放回原处
24	躲藏	独立躲藏或布置角色游戏	1. 满足情绪 2. 分享、协作 3. 想象、表达与表现生活经验	依场地大小限定人数

续表

序号	内容	方法	学习经验	幼儿 / 保教人员常规要求
25	拳击袋	击打或推	1. 手眼协调 2. 力量 3. 准确、敏捷性 4. 情绪发泄	1. 不用袋子打人 2. 每次 1 ～ 2 人玩
26	沙土	自由构造：挖、倒、装入容器，堆叠、雕塑	1. 触觉刺激 2. 感知沙土的可塑性 3. 合作创造想象 4. 认识和使用各种工具、容器	1. 不推人或影响别人玩 2. 不用沙土扬人，不吃沙土 3. 与伙伴分享容器 4. 不将沙土搬出沙池 5. 不将碎物带入沙池 6. 游戏后将工具放回原处 7. 将身上的沙土清理干净

练习与思考

1. 幼儿园活动大致分为哪几类？各类活动应该掌握的方法有哪些？

2. 幼儿园各类活动中的常规要求是什么？

项目三　幼儿园家园共育

家长是幼儿的第一任教师，家长与教师有效合作，将对幼儿的身心发展、游戏水平及学习能力的提高产生积极的影响。《幼儿园工作规程》指出：幼儿园应当主动与幼儿家庭沟通合作，为家长提供科学育儿宣传指导，帮助家长创设良好的家庭教育环境，共同担负教育幼儿的任务。因此，幼儿园在加强和提高自身教育管理工作的同时，要注重借助家庭教育和社区教育的力量，以形成幼儿园、家庭和社区三方合力教育之势，创设积极良好的育人氛围和环境，实现齐抓共管的教育管理局面。本项目主要介绍家园共育。

幼儿园家园共育工作的内容纷繁复杂，可概括为以下六项工作任务。

任务一　主动与家长联系，建立稳定的沟通机制

任务目标

把握与家长沟通的注意事项。

任务重点

在与家长沟通中注意扬长避短。

任务难点

在与家长沟通中能抓住“关键”。

家长对幼儿园或教师的态度，很多时候来自幼儿园教师和他们的一两次谈话或交往。因此，教师在与家长沟通的过程中，态度一定要真诚，出发点一定是为了幼儿健康成长，一定要讲究沟通的方法和策略。

教师在与家长联系沟通的过程中，要注意以下四个方面。

一、教师要善于学习，发现并正视自己的不足

教师一方面要善于学习知识技能，在日常工作、生活中提升自身素养；另一方面要注重观察、学习身边同事的工作经验，充实自己。如：要观察身边同事是怎样针对幼儿的问题，选择与家长沟通的时机、地点、方式、内容以及语气的。同时，还要善于吸取他人工作失误的教训，尽量避免在工作中重蹈覆辙。

教师还要善于发现并正视自己的不足，客观地将自己的不足列出清单，时刻提醒自己有意识地矫正并克服这些不足，不断完善、提升自己。

二、教师要学会抓住“关键”，建立情感和认知认同点

（1）家长都希望自己的孩子得到教师的喜爱和关注，这就是“关键”。作为幼

儿园教师，在和家长取得联系或沟通过程中，内容就要处处体现教师对幼儿的喜爱和关注。这是幼儿园教师取得家长信任的关键所在。

（2）幼儿往往喜欢年轻漂亮的老师，喜欢亲和力强的老师，喜欢对自己关心和关注的老师。“年轻漂亮”是年轻教师的天然优势，但并不是关键，关键还是对幼儿的热爱与关注。教师要在工作中历练自己，自觉培养爱岗敬业、热爱幼儿的职业素养和职业精神。教师只有具备了这种职业素养和职业精神，才能够得到幼儿和家长的真正信赖。

（3）对人热情亲切，发展正常而良好的人际关系。幼儿园教师要和每一位家长做朋友，做知心朋友，做“君子之交”的朋友。教师要自觉抑制不良风气，不能接受家长的任何礼物，这样才能保持与家长的正常关系，方便开展工作。正直、正派、公正是教师必须拥有的品格，是教师职业道德的基本要求。只有这样，教师才能取得家长的真正认可，工作开展也就容易了。

三、要学会在日常的生活中积累储备情感

（1）关注每个幼儿日常生活中的小事和身体、心理上的变化，利用家长接送幼儿的机会简单明了地向家长报告，使家长感受到教师对幼儿的关心和关爱。

（2）关注家长日常情绪的反应，适时与家长沟通。在相互交流、帮助家长解决子女教育问题的过程中，让家长感受到教师和他们一样也有七情六欲，也曾遇到过这样那样的烦恼，所不同的是，教师可以运用自己掌握的知识技能有效地解决这些问题。这样教师才容易和家长建立真正的朋友关系。

（3）重视家长平时嘱托的事，并努力完成，没有完成的一定要主动向家长说明原因。在家长心里，孩子的事无小事。如果是家长交代给教师幼儿生活上的事，如幼儿病了需要教师帮助按时服药等，教师一定要想办法尽心竭力地去完成。如果因为工作忙碌而忘记完成家长的嘱托，一定要想办法弥补。如果没有弥补的机会，一定要和家长坦诚地说明原因，以求得家长的理解和谅解，但这种事切不可有下回。教师的坦诚会感动家长，这样在幼儿园开展活动需要家长参与的时候，家长也会积极的配合。

四、在遇到矛盾时要学会借力化解

（1）清楚冲突发生的缘由，亲自去梳理和核实，将事情的来龙去脉弄清楚，为下面解决问题打好基础。

（2）反思自己的过失，要清晰认识到自己的问题。思考在这件事中，自己在什么地方做得不妥当，是自己的哪句话、哪个动作、哪件事让家长感到不满。

（3）要及时将事件告知同班的老师，和同班老师进行商讨，征询正确的解决方法。

（4）善于利用一切可以利用的资源来解决矛盾。没有哪一种方法是适合所有人的，要根据每个家长的特点寻找有针对性的方法。

（5）切记不可在发生冲突时追究谁对谁错。只有在冲突双方都处于冷静状态下，以说理的方式来分析事件发生的原因、过程及每个人的角色和作用，才能从根本上解决问题，从而获得家长的进一步认可。

总之，家长与教师是共同教育幼儿的合作伙伴，教师与家长要建立良好的沟通关系，教师对待家长要平等、耐心、真诚，使家长对教师产生信任感，从而形成融洽的、良好的教育氛围。

练习与思考

1. 教师在与家长建立联系时应该注意哪些问题？
2. 如果在你的班级中发生了矛盾，你作为班主任将如何化解矛盾？请列出步骤。

任务二　把握家园沟通基本原则，做到不卑不亢

任务目标

明确家园沟通的基本原则。

任务重点

在家园沟通中能掌握基本原则。

任务难点

灵活运用家园沟通基本原则。

许多家长每天在接送幼儿时总会问：“今天孩子表现得怎么样啊？”“孩子这段

时间怎么样啊？”教师向家长反映幼儿在幼儿园的表现，既要做到客观真实，又要让家长欣然接受。因此，教师与家长沟通时必须把握以下沟通原则。

一、经常性沟通原则

教师与家长沟通应是经常性的。教师要保证在一个月之内与班级所有家长有一次深度沟通，一般要求在月中完成，沟通内容包括幼儿园教育教学点、幼儿生活行为、幼儿学习行为、幼儿间关系处理等。

二、找准“切入点”沟通原则

不同类型的家长对幼儿关心的内容及倾向不同：爷爷、奶奶等关注幼儿的生活、饮食多一些；父母关注幼儿学习、成长方面多一些；小班幼儿的家长关心生活多一些；大班幼儿家长关注学习方面多一些；体弱幼儿的家长关心幼儿的健康方面多一些；而新入园的家长则每天都想从教师那里了解到幼儿在园的所有情况。

针对以上各种情况，教师与家长沟通的内容与方式也应不同。对于中班与大班的幼儿，教师与家长沟通时要充分注意到家长的关注点，以此为切入点选择不同的内容与家长沟通。对于刚入园及小班的幼儿，由于教师与幼儿、家长之间还没能建立起相互信任关系，因此，在与家长沟通时应以家长的“担心”为话题展开沟通，让家长感觉到你和他们一样，也担心幼儿在幼儿园吃不好、睡不好、不会自己上厕所及受委屈等问题，这样，家长会为有这样细心的教师关爱孩子而放心，更有助于教师和家长建立信任关系。

三、忌“告状”式沟通原则

教师切忌把与家长的经常性沟通变成对幼儿在幼儿园表现的“告状”行为，以免让家长误认为教师不喜欢甚至讨厌自己的孩子，从而觉得自己的孩子在班里会受到不公正待遇而产生抵触情绪。

四、“多报喜、巧报忧”沟通原则

在与家长的交流中，教师要能生动地描述出幼儿在幼儿园某一环节的可爱表现，家长自然会从你的言谈中感受到你对他孩子的关爱、对他孩子特别重视，并留下教师工作细致、认真负责的好印象。而对于幼儿的缺点，应一次只说一个方面，只解决一个问题，强调幼儿的缺点对他未来的发展可能产生的负面影响，并给出矫正建议，以引起家长重视并协助教师矫正幼儿缺点。

五、“换位思考”沟通原则

幼儿园期间正是幼儿行为习惯养成、道德品质形成的阶段。因此，家园合作教育显得尤其重要。但有些家长因工作忙，没有留出较为充裕的时间关注幼儿的成长。和这类家长沟通时，教师要在充分理解其难处的基础上，以朋友的身份帮助家长认识到幼儿教育不仅关系到幼儿一生的发展，而且关系到一个家庭的幸福，从而取得家长的支持。而有些家长把自己全部的时间投入到幼儿身上，有事没事就与教师联系。面对这样的家长，教师在沟通的时候一定要理解家长，注意语气平和，切忌不耐烦。

六、“尊重家长”沟通原则

教师谦虚诚恳、专心倾听家长的意见，会让家长感到自己很受重视。即使是一个牢骚满腹、怨气冲天，甚至不容易沟通的家长，在一个具有耐心、同情心和善于倾听的教师面前，也常会被“软化”到通情达理。

同时，教师在处理幼儿的问题上要不卑不亢，既不居高临下，也不过度谦卑。先向家长介绍自己针对幼儿存在的问题做了哪些工作，取得了什么成效，然后再提出需要家长从哪方面配合等要求。在与家长沟通的时候，要采取如“帮助幼儿解决这个问题，您是怎么想的？如果我们采用……方法做他的工作，您看行不行？”等婉转、协商性质的话语，不要使用“你应该”“你必须”等命令性的字眼，这样家长才乐意接受教师的建议或意见。当然，如幼儿问题确定无疑时，语气也应该十分肯定，让家长相信你的意见是不容置疑的。

七、忌“隐瞒不报”沟通原则

幼儿在幼儿园可能会发生意外伤害事故，教师要在第一时间报告幼儿园和家长。如果事故是因为教师自己在工作中的过失导致，在报告过程中要主动承担责任；如果不是教师工作的过失，报告中也应主动向家长说明情况，帮助家长解决问题。

针对个别幼儿在一段时期内多次出现的问题，如尿裤子、玩水打湿衣袖、被其他小朋友欺负等，也要主动、及时与家长沟通。打消家长因胡乱揣摩而导致的误会，进而巩固家长对教师的信任。

八、“工作计划”沟通原则

家庭和幼儿园是影响幼儿身心发展的两大主要因素，这两大因素必须同方向、同步调对幼儿发生影响，才能达到教育的效果。不少家长反映：“孩子在幼儿园各方面表现都不错，但回家后就另外一个样了。”这种现象表明，家园在教育上存在着不一致，幼儿若在家和幼儿园表现不一致，教育就不能算成功。为了实现家园同步教育，教师要主动将每月的工作计划和工作目标与家长进行沟通，把本月的工作内容、工作意图、工作目标全部呈现给家长，以求得家长对幼儿园工作的了解、理解和支持，从而达到家园同步教育的目的。

练习与思考

家园沟通的基本原则有哪些？应如何运用？

任务三　熟悉家园沟通方式，合理且适时使用

任务目标

了解家园沟通的方式。

任务重点

根据沟通内容、沟通对象特性等选择适宜的家园沟通方式。

任务难点

活学活用家园沟通方式。

家园沟通方式多种多样，这里总结了日常工作中常用的 11 种方式。这 11 种家园沟通方式没有好坏之分，也没有哪一种更显“神效”，选择哪一种方式通常是由沟通的内容、沟通对象的特性、沟通范围等因素决定的。幼儿园教师必须学会适时把握、选择使用这些方式，做好充分准备，取得较好的沟通效果。

下面分别介绍家园沟通的主要方式。

一、家长会

家长会，是幼儿园与家长沟通比较常见的方式，一般在幼儿即将入园时和每个学期初进行。内容主要包括向家长介绍幼儿园办学宗旨、教育目标以及家园共育的主要内容，还要尽可能与家长在育儿问题上达成一致，求得家长的积极配合。教师在召开家长会前，一定要做好充分准备，具体准备工作包括确定家长会主题、准备好家长会所需材料等。

二、家访

家访，是幼儿入园时比较常见的一种工作方式。通过家访，教师可以更多地了解即将入园的幼儿的家庭教育及其在家中的情况，让教师与幼儿提前熟悉，减少幼儿入园后对教师的陌生感，同时指导家长帮助幼儿适应幼儿园集体生活。

家访亦可用于班级特殊儿童的家长工作，使其家长重视幼儿在园的异常表现，进一步指导家长配合幼儿园的各项教育工作。教师在家访前一定要做好充分准备，确定家访主题，熟悉幼儿及其家庭信息，准备好幼儿入园须知等材料。

三、家长园地

家长园地，是教师向家长介绍幼儿园教育活动和育儿知识的常见途径。它的主要内容有：向家长介绍教育教学计划和主题活动的进展情况，展示幼儿在园活动的风采，分享家庭教育策略，介绍幼儿护理常识等。教师还可根据幼儿的年龄特点设计一些家园互动内容，比如：在小班的家长园地，教师可以设计“夸夸我的好宝宝”栏目，请家长介绍他们看到的幼儿进入新集体后的可喜变化，让幼儿看到后渐渐喜欢上幼儿园，并学习好的榜样。家长园地涉及的内容包括主题、展示内容介绍、幼儿风采展示、结束语（对家长与幼儿的寄望）。

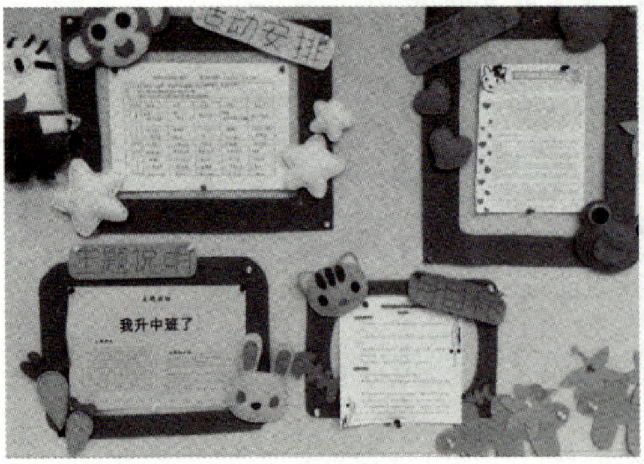

四、家长半日开放活动

幼儿园为了让家长了解幼儿在园情况，经常组织一些半日开放活动，主要内容涉及运动会、新年联欢、六一联欢、教育活动观摩等。此外，还有的幼儿园根据当前的社会焦点、热点问题，整体设计大型开放活动，如：迎世博亲子绘画活动、为受灾儿童募捐的义卖活动、环保 DIY 亲子制作活动等。家长半日开放活动需要做的工作包括介绍活动主题、内容、规则，活动表彰，活动总结。

五、家长约谈

每个家长都希望教师能多多关注自己的孩子，因此，教师要有计划、有目的地与家长交流。约谈可以在幼儿来园和离园时，还可以根据幼儿近期在园出现的问题与家长约谈交流。家长约谈需要做的工作包括确定约谈主题、准备约谈内容、设计约谈语言和语气、对约谈进行反思。

六、家园联系册

家园联系册是供教师和家长书面沟通交流幼儿情况用的。联系册的主要内容是家园双方相互介绍幼儿在家、在园的表现，幼儿的优缺点，幼儿存在的问题和解决策略，以及教师工作反思。其目的是使家园共同努力，促使幼儿发挥优势、弥补不足。教师的语言叙述要适宜，言辞要委婉，易于为家长接受。

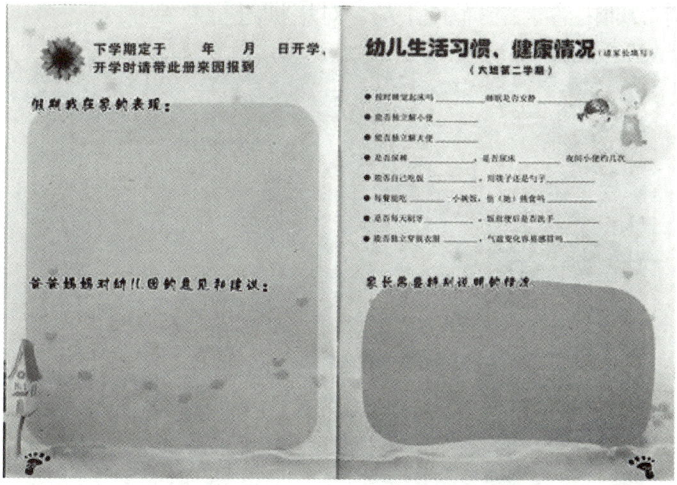
下学期定于　　年　　月　　日开学，开学时请带此册来园报到

假期我在家的表现：

爸爸妈妈对幼儿园的意见和建议：

幼儿生活习惯、健康情况（请家长填写）

（大班第二学期）

- 按时睡觉起床吗＿＿＿＿睡眠是否安静＿＿＿＿
- 能否独立解小便＿＿＿＿
- 能否独立解大便＿＿＿＿
- 是否尿裤＿＿＿＿，是否尿床＿＿＿＿夜间小便约几次＿＿＿＿
- 能否自己吃饭＿＿＿＿，用筷子还是勺子＿＿＿＿
- 每餐能吃＿＿＿＿小碗饭，他（她）挑食吗＿＿＿＿
- 是否每天刷牙＿＿＿＿，饭前便后是否洗手＿＿＿＿
- 能否独立穿脱衣服＿＿＿＿，气温变化容易感冒吗＿＿＿＿

家长需要特别说明的情况

七、家长信箱

家长信箱是家长与幼儿园、教师书面沟通的又一形式。家长是幼儿园服务工作的主要评价者。幼儿园可以设立家长信箱，搭建家长与幼儿园沟通的桥梁，家长既可提建议、提问题，亦可写表扬信，表达对教师工作的满意。设立家长信箱主要是为了弥补家长与教师口头交流的局限性。比如：新入园时有些家长特别担心教师不了解幼儿，这时可让家长以书面形式详细介绍幼儿的情况，以便教师从更多方面了解幼儿。教师对于家长来信要及时处理和回复，对家长在信中提出的幼儿存在的问题要给出解决策略和建议。

八、家长学校

幼儿园有责任指导家长学习科学育儿的方法。开办家长学校是幼儿园全心全意为家长服务的一种体现。幼儿园会定期请专家到园里与家长互动交流，让家长与时俱进地了解科学育儿、健康育儿的知识和方法。开办家长学校涉及的工作包括确定培训主题、设计培训内容、选择主讲人、对培训进行总结。

九、家长委员会

家长委员会是由教师推荐组成的家长服务团体，主要目的在于协助教师和幼儿园开展各项工作，是教师、幼儿园与家长之间联系沟通的纽带。家长委员会每个阶段的工作主题要明确，工作内容要具体。

十、家园网络互动交流平台

在信息化发展迅猛的今天，幼儿园为家长提供了便捷、实用的网络信息交流平台，主要包括园所介绍、校友录、班级博客等，以便家长随时了解幼儿在园的情况，与教师进行互动沟通。比如：小班幼儿入园后，教师在平台上可上传大量幼儿在园活动的照片，来消除家长的担心；中、大班教师在平台上可上传主题活动的照片，让家长了解班级近期教育活动的内容等。

幼儿园及教师要特别注意，上传幼儿照片时一定要征得家长同意（最好与家长签订书面协议），以免触及侵犯肖像权问题。

十一、家园微信平台

这是幼儿园新增设的家长工作服务项目。一般地，幼儿园班主任会建立家长微信群，方便教师随时通过微信通知家长需要配合的各项工作。比如：教师可以将通知、温馨提示等信息直接发送到家长微信群中，使家长第一时间了解幼儿园活动的内容与要求等。

教师在使用家长微信群的时候，一定要注意这是个工作群，仅用来发出需要所有家长知晓的通知等信息，切不可把属于幼儿个人的信息发到群里。幼儿园和教师要注意保护幼儿的隐私，这既是对幼儿的尊重，也是对家长的尊重，更是促进幼儿健康成长的策略。

教师需要活学活用丰富多样的家园沟通方式，不断累积家园沟通工作经验，让更多的家长了解幼儿园、了解教师，发自内心地愿意支持幼儿园的各项工作，最终达到家园共育的目的。

练习与思考

1. 家园沟通的方式有哪些？
2. 你认为哪些家园沟通方式使用起来便捷且适宜？为什么？

任务四　掌握家园沟通策略，科学且适时使用

任务目标

了解家园沟通策略的主要内容。

任务重点

理解家园沟通策略的精要。

任务难点

熟悉并能适时使用家园沟通策略。

家园沟通是幼儿园工作的重要内容之一，也是家长了解幼儿在园情况的主要途径。教师做好与家长的沟通工作，对促进和改善幼儿园教育工作有着重要作用。因此，为了达到良好的沟通效果，教师在进行家园沟通时，要因人、因事而异选择沟通策略，进行有效的沟通。

一、因人而异的沟通策略

1. 根据家长性别的不同，选择不同的沟通策略

一般地，女性家长比男性家长更多地会主动和教师交流，而且也会耐心听取教师的意见。因此，女性家长与教师之间更容易沟通，也最易成为幼儿园工作强有力的支持者。因此，教师可以用简洁的语言给予反馈，或者直接告诉她们明确的建议和可行的方法。

2. 根据家长年龄的不同，选择不同的沟通策略

一般地，年纪大的家长，特别是隔代家长，更关注幼儿的身体、饮食等生活方

面的情况；年轻的家长，也就是父母，更关注幼儿的在园表现。所以，对于隔代家长，教师不仅要反映幼儿在园的生活情况，还要用浅显的语言宣传幼儿全面发展的观念，同时，要注意保持诚恳、尊重、亲切的态度。对于年轻的家长，教师要尽量争取他们对于教育工作的理解与支持。

3. 根据家长对幼儿的期望值，选择不同的沟通策略

每一位家长对于自己孩子的期望值都是不一样的，有的家长对幼儿的期望值很高，有的则较低，还有的家长干脆不对幼儿提出任何期望。因此，针对期望值过高的家长，教师要从客观、全面和发展的角度帮助家长分析幼儿自身特点，引导家长建立正确的成才观，修订对幼儿的期望值；针对期望值过低的家长，教师可以帮助家长在客观分析幼儿特征的基础上，鼓励家长树立信心，对幼儿在不同成长阶段提出不同的期望，这样既有利于幼儿成长，又有利于家庭教育的科学性；针对从不对幼儿提出期望而一味溺爱骄纵的家长，教师要从有利于形成家庭健康、和谐氛围，直至为社会培养合格公民的角度，对家长提出基本的教育要求，耐心地阐述“养不教，父之过”的道理，并诚恳地告诫家长，溺爱骄纵的教育方式会影响幼儿健康成长，甚至产生不良后果，必须引起家长的注意。

4. 根据家长的受教育程度，选择不同的沟通策略

家长受教育程度不同，对于幼儿的教育观念也不同。一般地，受教育程度较高的家长，对于幼儿的教育关注较高。我们在观察中发现，受教育程度较高的家长的教育观念往往会出现两种极端：一种是对幼儿要求过于严格，他们认为以后竞争太激烈，所以要对幼儿从各个方面进行完美打造，结果是幼儿一日生活比成年人都忙碌；另一种是对幼儿过于“尊重”，认为幼儿要发扬个性和自由，结果导致幼儿行为无规无矩，不能很好地融入集体生活。事实上，这样的家长缺乏的是一个参照系数，即幼儿的发展水平在群体里所处的位置。因此，与这类家长沟通时，教师要引导家长，学会结合这个年龄段幼儿的整体发展水平状况，来评估自己的孩子，从而对幼儿成长、成才提出适当的期待与要求。

受教育程度较低的家长也有两种极端表现：一种是渴望幼儿成才，尽心竭力地为幼儿创造物质条件，因而对幼儿提出过高的期望和要求，给幼儿造成压力；一种是不重视幼儿的教育，放任自流，幼儿处于无约束自由成长状态，造成幼儿没有理想。教师在与前者沟通时，要注意引导家长把幼儿放在同龄孩子群体中考量，客观地评估幼儿成长的需要和成才的可能，帮助家长认识到过度的物质满足对幼儿教育可能发生的危害，过高的期待与要求可能对幼儿造成过大压力的危害，帮助家长学会针对幼儿特点提出适当要求，教师在与后者沟通交流时，可以站在家庭的角度，帮助家长分析幼儿教育对家庭建设的重要性，尝试用浅显易懂的语言宣传幼儿教育

的必要性，唤起家长对幼儿教育的重视。

当然，无论教师面对什么样的家长，选择怎样的沟通策略，一定要注意沟通的出发点一定是为了幼儿的健康成长，沟通的语言、语气都要委婉，具有亲和力，运用先扬后抑的方法，使家长乐意接受。

5. 根据幼儿的个体状况，选择不同的沟通策略

每个幼儿都是不同的，其中包括幼儿的年龄、性别、性格、身体状况、发展水平等。幼儿的个体状况不同，家长的关注点也不同，沟通的策略也就不同。因此，教师平时要善于对幼儿进行认真观察，观察每个幼儿的发展状况，掌握幼儿身上显现出的不同家庭的家教风格。这样，教师在与家长沟通时才能有的放矢。

下面介绍几种沟通策略：

（1）一句话沟通策略。这种策略主要用于那些幼儿本身在各个领域的各项目标发展中不存在明显问题，而家长也很少过问的情况。这样的幼儿和家长是最让教师省心的。但教师一定要注意，家长不主动找你，并不代表家长就不想了解幼儿在园的各种情况，相反，他们和其他家长一样，渴望了解幼儿在园的情况及各方面发展的水平，只是由于工作忙或不愿给老师添麻烦等原因而压抑着自己。于是，针对这样的家长，教师可利用接送环节，用一两句话向家长反馈情况，如："今天某某学会了穿衣服""今天某某吃了两碗饭"等等，当你说完后，往往会看到家长会心的微笑。

（2）引起注意策略。这种策略主要用于那些幼儿本身在某一领域的某一方面或多个领域的多个方面存在问题，但是没有引起家长重视的情况。由于这些家长对幼儿教育理念不太了解，又被亲情"蒙住了眼睛"，认为自己的孩子是最棒的，即使有缺点也会树大自直，所以对幼儿的情况不太关注。对于这样的家长，建议采取引起注意策略，即利用半日开放、作品展示等让家长发现自己孩子和别人孩子的差距，从而引起家长的关注，再根据不同的情况和家长沟通以下内容：

1）让家长了解教育目标及幼儿应达到水平。

2）这位幼儿和其他小朋友的差距，并逐步渗透教育理念。

3）了解家长的教育方法。

4）找出问题的原因。

5）共同制定解决办法，使家园共育取得好的效果。

（3）真情感动策略。这种策略适用于那些幼儿本身在各领域的发展中不存在问题，但家长有许多不放心的情况。有的家长每天围着教师问这问那，或是站在窗外久久不愿离去。对于这样的家长，建议采用真情感动策略，即将幼儿在各领域发展中的点点滴滴及时向家长汇报，尤其是家长特别关注的问题，要在日常工作中认真观察，细致指导，耐心细致地向家长反映情况，让家长感到教师了解幼儿、关注幼

儿，他的孩子在教师心中占有很重要的位置。教师会为幼儿的进步而高兴，为幼儿的失败而难过，用细致的工作感动家长，让家长相信教师、支持教师，让家园共育的合力促进幼儿更快更好地发展。

当然，和家长沟通是一个复杂深奥的问题，需要教师做有心人，充分发挥家长园地、半日开放、家访、作品展示、家园联系和接送等环节的作用，灵活运用多种沟通方式，久而久之，幼儿园及教师的工作一定会让家长们满意。

二、因事而异的沟通策略

1. 以交流幼儿情况为主的沟通策略

首先，教师要做到客观描述幼儿在园表现或情况发生时的具体情形，保持客观、中立态度。这样，一方面可以更真实地向家长反映幼儿的情况，让家长感觉到你对幼儿的认识是建立在实事求是基础上的。其次，对幼儿在园表现或发生情况做出肯定或否定的评价，让家长明白教师对幼儿的哪些行为是肯定的、哪些行为是否定的，取得家长的理解与支持。这也从另一个角度让家长感受到教师对幼儿的关注与关心。

笼统地表达“很好、很聪明”，会让家长感觉到教师在应付自己，认为幼儿是被忽视的。在反映幼儿在园的一些缺点时，教师更要注意措辞，避免用一些过激的词语伤害家长的自尊。教师要多使用就事论事的评价方式以及发展性评价方式来评价幼儿。

2. 以反映幼儿问题为主的沟通策略

首先，教师切忌用告状、埋怨的口吻，要注意维护家长和幼儿的自尊，不当着其他家长和幼儿的面反映某个幼儿的缺点。其次，要遵循“一表扬二建议三希望”的原则，即在表扬幼儿优点的前提下，指出幼儿的问题，之后一定要给出修正幼儿问题的建议或方法。比如：“这个幼儿在幼儿园里很喜欢参与各种活动，这是值得表扬的，就是有点‘独’。如果能够在参与活动过程中，学会与小朋友一起完成任务就更好了。”

3. 以布置配合工作为主的沟通策略

教师要明确交代任务，语言要言简意赅，任务要具体明确。因为家长对于幼儿园的工作不十分了解，而且每次教师与家长见面的时间有限。所以幼儿园邀请家长参与或配合工作时，一定要尽量让家长理解工作目的、工作任务和工作要求，以更好地做好配合工作。

4. 幼儿在幼儿园出现事故时的沟通策略

幼儿在幼儿园可能会出现各种状况，最严重的就是受伤事故。这种情况下，教师除了准确判断、及时送医、规范处理外，还要安抚家长。首先，教师要勇于承认工作中的过失，并诚心向家长表示歉意，赢得家长的理解。其次，教师要详细向家长反映事故情况，让家长清楚事实真相，可以降低家长因迷惑而带来的焦虑、担忧和不安全感。最后，和家长一起协商做好幼儿恢复工作，包括以后对幼儿伤口的观察、幼儿活动时的特殊照顾等，以此获得家长的谅解。

5. 家长因误解情绪过激时的沟通策略

工作中，由于种种原因可能会发生家长误解、情绪过激的情况。在这种情况下，教师一定要控制好自己的情绪，不急于辩解，耐心等家长说完，然后再一一向家长解释，避免与家长抬杠或争吵。教师与家长争执，只会让家长认为教师对自己的孩子有偏见，或者认为教师是不负责任的，这样更不利于沟通。教师应从家长疼爱孩子的角度理解家长的心理，并从关爱幼儿的角度谈论问题，家长更易于接受。教师可以说“你说得很有道理，不过……”“你的心情我能理解，你看这样如何……”这类先认可再建议的话提出自己的观点。对于蛮横不讲理的家长，教师要不卑不亢，理性地将事情解释清楚。

练习与思考

1. 家园沟通策略有哪些？

2. 作为幼儿园教师，你认为应该怎样灵活运用家园沟通策略，才能收到好的沟通效果？

任务五　制订学期家园工作计划，按计划开展工作

任务目标

了解制订学期家园工作计划的基本要求。

任务重点

掌握制订学期家园工作计划的基本要素。

任务难点

学会制订科学合理的学期家园工作计划。

幼儿园学期家园工作计划，是幼儿园工作计划的一部分。作为幼儿园学期工作计划的一项重要内容，它既要体现幼儿园学期工作计划的工作指导思想，也要体现幼儿园学期工作计划目标任务实现的途径与方法。因此，幼儿园学期家园工作计划一般包括指导思想、工作目标、落实工作目标办法、具体工作安排等要素。

指导思想，一般与幼儿园的办学理念、办学方向、办学目标等相关联，是指导幼儿园家园工作的重要依据，不能缺少。

工作目标，要与幼儿园本学期工作目标相吻合，目标制定要明确具体，具有可操作性。

落实工作目标办法，一般要把学期工作目标分解到每个月、每个周，针对工作内容，落实工作措施，明确负责部门或负责人。

具体工作安排，要把分解到月或周的工作再分解到部门，由部门负责人指定具体工作人员落实具体工作，保障工作扎实有效。

【案例】

幼儿园秋冬季家园工作计划

家园工作是幼儿园工作的重要组成部分。提高幼儿素质，促进幼儿全面发展，单靠幼儿园的教育是不够的。幼儿园教育不是“真空教育”，其本身是无法脱离家庭、社会的。幼儿教育本身就是一项多层面、多元化的系统工程，需要家庭、幼儿园与社会步调一致，对幼儿实施教育和影响，形成“三维”教育结构的现代幼教立体模式，为每个幼儿全方位健康发展创造条件。

一、指导思想

《幼儿园教育指导纲要（试行）》（以下简称《纲要》）指出，“家庭是幼儿园重要的合作伙伴”。幼儿教育是家庭和幼儿园的共同事业，幼儿离不开幼儿园的培养，更离不开家庭的影响。家园共育强调幼儿园与家庭的双向互动，强调家庭与幼儿园的步调一致。幼儿园既要帮助家长提高科学育儿水平，同时也要求家长参与幼儿园的教育与管理，成为幼儿园提高教育质量的助手和重要资源。

本学期我园家园工作的指导思想是：继续认真贯彻执行《幼儿园工作规

程》和《纲要》的家长工作精神，以《纲要》提出的新观念、新视角、新举措为指导，实现家园共育，提高家教质量，促进幼儿发展。

二、工作目标

建立家园合作关系，实现家园共育，促进幼儿素质全面提高。强调幼儿园与家庭的双向互动，家园步调一致，密切配合，达成共识，形成合力，实现家园同步教育，促进幼儿身心健康、和谐发展。

三、落实工作目标办法

1. 加强教师自身修养，提高家园工作水平

（1）结合《纲要》学习，强化教师的“服务意识”。

围绕“服务幼儿”“服务家长”的理念，在教师中开展系列教育活动，强化教师为幼儿服务、为家长服务的意识；在家园交流中，把握好教师与家长互为支持者、合作者的角色关系。

（2）组织家长工作经验交流或家长工作案例研讨会。

通过交流、研讨，共同分享家长工作的好经验、好方法，感受做好家长工作的乐趣和成效，促进每位保教人员不断提高家长工作的水平。

2. 加强家园双向沟通，共商教育策略，协同进行教育

（1）举办多种形式的有针对性的家教讲座，达成家园教育共识。

由幼儿园组织较大规模的讲座，请幼儿园教师、幼教专家、家长主讲；或由班级组织较小规模的讲座，请幼儿园教师或家长主讲；或组织部分家长，邀请专家参与较小范围的沙龙研讨。

（2）做好家访工作，深入了解幼儿成长的家庭环境。

教师在幼儿入园时，要对每个幼儿进行家访，尽可能多地了解幼儿的家庭情况、个性特点和各种习惯，方便幼儿入园后的教育与管理；幼儿入园后，教师要进行不定期家访。

（3）组织并改进每学期 1 ～ 2 次的家长开放日活动。

家长开放日作为家园共育的好时机，让家长了解幼儿在幼儿园的生活学习，请家长把所观、所思、所想反馈给幼儿园，互相交流，共同研究家园共育的方法等，使开放活动更深入，更有价值。

（4）充分发挥家委会在家园共育中的作用。

定期召开家委会会议，向家委会介绍幼儿园近期工作情况及工作重点，让家委会在了解幼儿园工作情况的基础上，协助幼儿园向全体家长宣传幼儿园的教育工作计划与要求，沟通、协调家园关系。

（5）建立完善幼儿园网站。

通过幼儿园网站，开辟“教育科研”“保育论坛”“家园共育”等栏目，鼓励家长踊跃投稿，使家园沟通速度更快、效率更高。

（6）保持与家长经常沟通。

通过电话、便笺、约谈以及接送幼儿时的交谈等，让家长及时了解幼儿园工作动态及幼儿的情况，与家长间架起情感的桥梁，取得家长的信任与配合。

（7）继续开通家园热线，保持家园联系。

3. 邀请家长以主人翁态度参与幼儿园工作

（1）发挥家委会的作用，请家委会参与幼儿园的管理，为幼儿园管理、教育、家长工作、后勤等方面献计献策。

（2）发放家长调查表，请家长对幼儿园各项工作提出自己的意见和建议。

（3）开展内容丰富的“迎新家园同乐亲子活动”“庆六一活动”等，让家长与幼儿同乐，使家园关系更为密切。

（4）继续邀请具有专业特长的家长担任“爸爸老师”“妈妈老师”，走进课堂，参与教育活动。

4. 注重家园互动，形成畅通的家园共育通道

（1）继续办好《幼儿园通讯》。在原有栏目基础上，增设“家长谈教育”“家长访谈”等栏目，鼓励家长投稿，增加家长稿件数量，使园刊更好地成为幼儿园与家长进行交流沟通互动的窗口。

（2）办好班级“家长园地”栏目。有针对性地向家长宣传科学育儿知识的同时，邀请家长参与班级“家长园地”建设，增加“焦点宝宝”“交流共享”等栏目，鼓励家长投稿，或介绍育儿经验，或介绍学习材料，或提出好的建议等，增强班级“家长园地”的针对性和时效性。

（3）开展“对话式家长会”，碰撞思想火花。

把传统意义上的家长会改为“对话式”的家园交流会，家长、教师互抛育儿问题和经验，阐发自己的意见，相互碰撞，共讨科学育儿的实施策略。

（4）进一步发挥“家园联系册”的功能，使“家园联系册”成为家园互相交流信息的一种有效渠道。

四、具体工作安排

1. 九月

（1）家访，接待幼儿及家长来园熟悉环境。

（2）制订家长工作计划。

2. 十月

（1）召开“对话式家长会”。

（2）家长讲座。

3. 十一月

（1）家长半日活动。

（2）各班家长会。

4. 十二月至一月

迎新家园同乐亲子活动。

【案例】

幼儿园春夏季家园工作计划

一、指导思想

本着“一切为了孩子”的工作理念，我园将继续贯彻落实《幼儿园教育指导纲要（试行）》精神，努力构建学校、家庭、社会三位一体的育人体系，完善教育管理，提高家园共育力度，促进幼儿身心健康发展。

二、工作目标

（1）加强家委会工作，增强教育合力。

（2）以家长学校为阵地，宣传科学育儿知识方法，提高家教水平。

（3）开展形式多样的家园互动活动，提高家园协同教育的实效性。

三、具体措施

1. 加强宣传力度，提高家园共育意识

本学期，我园将加强宣传力度，畅通家园信息交流渠道，统一家园教育思想，力求家园教育步调一致。

（1）勤耕服务窗口，促交流。

（2）细制宣传画册，树形象。

以“市级示范园”开放活动为契机，制作幼儿园宣传画册，展示园貌变化，介绍教师队伍，公布荣誉情况，宣传教育特色，让广大群众与家长更加深入地了解幼儿教育，树立幼儿园的良好形象，争取更多的办学力量，为幼儿提供更优质的教育。

2. 丰富组织形式，提升家园共育质量

（1）充分发挥家委会作用，完善管理。

家委会的协调与引领作用，能让幼儿园更好地开展各项工作。充分发挥家委会的作用，定期召开会议，商讨、策划幼儿园大事，最大限度地发挥家委会的功能和力量，协调家园关系，集思广益，努力实现民主化、规范化的办园模式。

（2）办家长学校、讲座，推广成功经验。

根据家长的不同需要，以分年段、分主题相结合的主要形式，开展家庭教育讲座、卫生保健知识讲座、安全讲座等，帮助家长走上科学育儿的成功之路。

（3）定期召开家长会，交流日常工作。

利用家长会，与家长交流管理班级的思想和方法，征求家长对教育的意见，同家长协商并寻找提升班级教育管理的办法。

（4）开放半日观摩，争取家长认可。

向家长开放半日观摩活动，还原教育现场，让家长观察幼儿在园的学习和生活，感受教师的工作方法，力求触动家长的教育感触，拉近教师与家长之间的距离，更好地探讨有针对性的教育措施。

（5）家长助教，资源共享。

各行各业的家长是幼儿园宝贵的教育资源，全面了解家长的兴趣、特长、工作性质，有计划地邀请家长助教，为教育工作增添新的力量。

（6）多彩亲子活动，增进情感交流。

有计划、有准备地举办各类亲子活动，增强亲子情感交流，促进家园互动，使家园关系更为密切。

（7）勤家访，密切家园联系。

家访工作有利于促进因材施教。如特殊儿童的教育问题，与家长面对面“闲话家常”，帮助家长分析幼儿特殊行为和情绪的成因，对症下药，促进幼儿健康发展。

（8）做好问卷调查，反思工作。

定期向家长发放各类调查问卷，征求家长对幼儿园管理、服务与教师保教态度、能力的意见，发挥家长的监督作用，促进幼儿园工作。

四、具体工作安排：

1. 三月

（1）召开家委会会议。

（2）结合“三八”妇女节，开展相应活动。

（3）结合安全教育周，宣传安全防范常识。

2. 四月

（1）亲子活动：郊游踏青。

（2）各班举办一次家庭教育专题讲座。

（3）家长半日开放活动。

3. 五月至六月

（1）“幼小衔接”家长讲座。

（2）亲子同乐庆“六一”。

（3）评选“优秀家长”。

（4）学前班毕业典礼。

（5）发放家长调查问卷并汇总。

（6）家长学校工作总结。

练习与思考

1. 幼儿园家园工作计划制订的基本要素有哪些？

2. 结合你班特点制订一份学期家园工作计划。

任务六　学期末家园工作总结

任务目标

了解学期末家园工作总结的内容与写作方法。

任务重点

学会写学期末家园工作总结。

任务难点

学会写高质量的学期末家园工作总结。

幼儿园学期末家园工作总结，是对一个学期幼儿园家园工作计划完成情况的总结。它要对学期工作计划是否完成做出说明，也要对工作计划完成的质量做出评估，提出改进策略。

学期工作完成情况说明：针对学期工作计划，逐项检查是否完成、完成得如何，给出说明；如果有些内容没有完成，说明没有完成的理由。

学期工作质量评估：针对学期工作计划完成质量情况逐项展开评估，对完成好的工作做出肯定性评价，对存在问题的工作给出建设性建议，并提出具体改进办法。

【案例】

幼儿园家园工作总结

《幼儿园教育指导纲要（试行）》指出：家庭是幼儿园重要的合作伙伴。应本着尊重、平等、合作的原则，争取家长的理解、支持和主动参与，并积极支持、帮助家长提高教育能力。家园教育观本质上是大教育观，是幼儿教育现代化的重要内涵，也是当今改革与发展的大趋势，因此，幼儿园本着“提高家长工作实效性，达到家园教育的和谐统一”的原则，开展了一些活动。我们把家长工作的重点放在以下几个方面，并取得了较好的效果。

一、常规工作情况

1. 充分利用班级家园联系栏，增进家园了解

为了使家长了解幼儿园及班级教学工作，共同搞好幼儿园的教育教学工作，本学期，我们坚持及时更新班级家园栏内容，每周公布教学活动计划，科学育儿知识，个案观察记录，让家长能更加主动、更加直接了解幼儿的情况，涉及幼儿园的管理、教学、卫生保健工作的调整、通知，我们都及时在家园栏上公布，与家长互通信息。

2. 举行亲子情景故事表演，让家长在参与幼儿园活动中发现、了解幼儿

每个人都是伴随着故事成长起来的。美丽的童话、动人的传说，往往会让幼儿在不知不觉中学会许多知识，懂得做人的道理。为了提高幼儿的表现能力，给每个幼儿提供一个学说话、敢说话、会说话的机会，一个展示自己才华

的舞台，使他们在快乐的童年生活中获得有益于身心发展的经验，我园举行了情景故事表演活动，邀请家长参与。许多家长反映，若不是参加这次活动，根本不知道自己的孩子原来也是那么活泼、那么自信……

3. 利用家长接送时间，与家长保持密切联系

我们充分利用家长接送时间与家长保持密切联系，这个宝贵的家园见面机会，让家长和教师互相交流幼儿在园在家的表现。在家园交流中，双方难免会谈到幼儿的缺点，这时我们就巧妙使用语言，先扬后抑，即先肯定幼儿的优点，然后点出不足，这样家长就易于接受。让家长明白：点出幼儿的不足，目的是希望得到家长的支持，以便家园共同引导幼儿形成良好的行为习惯。

4. 家园联系手册使家园合作更趋和谐

我园始终将家园联系手册作为家园沟通的重要渠道，发挥其作用是教师必做的功课，除了早晚接送幼儿进行随机家访指导、电访之外，我们还要求教师每学期根据各个幼儿发展状况进行详细记录，期末发给家长，让家长及时了解幼儿在园情况，反馈幼儿在家表现，为有针对性地提出教育策略、提供依据。家长们对教师的指导意见往往很佩服，感受到教师工作的专业与敬业精神，家园合作更为和谐，有效促进幼儿向着健康的方向发展。

5. 及时与家长联系，做好家园沟通工作

每学期开学初，我园教师都会认真登记幼儿家长电话，幼儿在园尿裤子或有身体不舒服时，教师会在第一时间与家长联系，让家长及时了解幼儿在园情况。

6. 积极争取家长资源，丰富主题活动

每次开展主题活动，我们都通过家园栏及时向家长介绍主题活动的目标和主要内容，以及需要家长配合的环节，使每位家长了解班级正在开展的活动。随着主题活动的开展，家长开始渐渐地对我们的工作有了进一步的了解，也提高了他们的参与自觉性。一些家长常对我们说：“你们的工作真琐碎，样样东西都要，以后我会留意帮你们收集的。”就这样，经常会有家长把家中的酸奶瓶、纸壳子拿来，还主动地问我们：“这个需要吗？”在家长的大力支持与配合下，我园的主题活动得以顺利有效地开展。

7. 举行了家长开放日活动

每学期我们都会邀请家长参与幼儿园的教育活动，让家长了解幼儿在园的真实表现，了解幼儿园的教育内容和方法，增加家长和幼儿园沟通机会。活动中，教师们以早操律动、教学展示、角色游戏等丰富多彩的活动形式，向家长

展示了幼儿在园的学习生活状况。教师们注重以问题情境化的形式吸引幼儿，让幼儿在游戏中探索、合作、学习。同时把尊重、相信幼儿等教育观念传递给了家长。家长在观摩和参与幼儿集体活动的过程中，增进了对幼儿园工作的感性认识，加深了亲子间的情感。同时幼儿园还设计了“家长意见反馈表”，请每一位家长参与评价教师的工作，提出对幼儿园教育管理的意见和建议。

家长开放日活动不仅让家长们了解到幼儿在幼儿园的表现，同时也增进了家园之间的沟通联系，拉近了幼儿园与家长的距离，统一了教育思想，为家园共育搭建起了交流的平台。

8. 召开家长会及对新生家长进行培训

家长会是增进家园合作的重要途径。新学期开始，我园各班都针对不同阶段幼儿的发展情况和家长的思想状态，召开家长会。教师和家长共同对幼儿在家、在园出现的种种问题，进行现场分析，研究并找出对策。家长一致认为，通过家长会，他们更具体地了解到了孩子在园的各方面情况，深入了解了我园的教育理念和幼儿的生活学习环境，掌握幼儿园的常规要求，知道家庭是幼儿园的重要合作伙伴，彼此应本着尊重、平等、合作的原则，步调一致地将家园共育工作做得更好，让幼儿健康快乐地成长。

9. 活动后及时反馈，促进家园共育水平提高

我园十分重视家长的反馈意见，在每次活动开展后，我们都请每一位家长提出意见和建议，在及时了解家长心声的同时，对所开展工作及时做出总结，并与家长共享，以促进家园双方不断改进合作育儿方式、合作育儿内容等，最终实现家园共育之目的。

二、今后工作努力的方向

1. 开展教师岗位一日体验活动

每学期各班组织 2 ～ 3 名幼儿家长到幼儿园做义工，亲身参与幼儿园教育活动，体验幼儿的一日生活，了解幼儿园教育教学情况，使其能更好地监督和支持幼儿园工作。另外，家长资源已作为一种重要的教育资源被引入幼儿教育，家长不同的职业背景、成功的育儿经验、鲜明的个性特征，是幼儿园教育资源的重要组成部分。通过家长义工，教师也能从家长身上得到很大启示。

2. 举行幼儿伙食听证会

每月由园务会组织召开由班子成员、伙房人员、保育教师、家长代表、家长委员会委员共同参与的幼儿伙食听证会。商讨幼儿伙食中存在的问题及改进办法，保证幼儿在园饮食安全、卫生、营养合理。

本学期，家长给予我们的帮助配合十分有效，正因为有了家长热情的支持与帮助、配合，才使我们的工作取得了不小的进步。我们将继续保持，继续努力，用更好的行动去回报家长的认可！

练习与思考

期末家园工作总结的基本要素有哪些？

项目四　幼儿园安全教育

幼儿园安全工作重于泰山，它不仅关系到幼儿身心能否健康发展，更关系到千千万万个家庭的幸福。因此，幼儿园安全工作容不得半点马虎，每个幼儿园教师都要把安全工作放在头等地位，一切工作的开展都要以安全为前提条件。

任务一　幼儿园安全事故防范

任务目标

了解幼儿园安全事故的种类。

任务重点

掌握安全事故的防范方法。

任务难点

掌握安全事故的发生规律，做好防范工作。

幼儿园安全问题，是幼教工作者时刻不能放松警惕的大事。幼儿园是幼儿集中生活、学习、游戏的地方。安全问题大于天，必须引起幼儿园的足够重视。幼儿园所有的工作人员，无论担当什么任何角色，都要树立“安全工作无小事”的意识。

做好幼儿园安全工作，必须了解引发幼儿园安全事故的隐患、可能发生事故的种类以及防范措施。

一、幼儿园安全事故的种类

幼儿园安全事故，是指入园幼儿在幼儿园管理范围内发生的人身伤害事件，主要包括幼儿园内发生的人身伤害，以及在幼儿园组织的外出活动（如郊游、外出参观等）中发生的人身伤害。

根据幼儿人身伤害的来源，幼儿园安全事故可以分为设施设备伤害、保育教育伤害、幼儿自身伤害、外来原因及意外事件伤害四种类型。

1. 设施设备伤害

（1）园舍伤害。幼儿园园舍中楼房占大多数，教室、走廊、楼梯等都是容易发生事故的地方。

（2）设施伤害。幼儿园内部设施，以及滑梯、攀登架、小城堡、海洋球、蹦蹦床、秋千等大型玩具年久失修，存在安全隐患，一旦发生事故，幼儿园必须承担相应的责任。幼儿园如未及时更换已经陈旧老化的器械，形成事故隐患，而教师又未发现存在的问题，就容易发生事故。

2. 保育教育伤害

保育教育伤害是指幼儿园课堂内和幼儿园组织活动的过程中造成幼儿意外伤害事故。

（1）游戏时受伤。这种伤害情况一般都是意外引起的，即使教师在现场，伤害也往往是不可避免的。如：幼儿在活动中很难对自己的行为进行有效的控制，活动时不小心绊倒，相互之间碰撞以及其他的伤害。这种伤害，幼儿园和教师一般是没有过错的。但如果是幼儿园管理不力，致使幼儿在游戏过程中受伤，幼儿园和教师是有过错的。

（2）课堂内受伤。是指幼儿在课堂内完成学习或活动任务时发生的伤害。如：课堂上学习工具（笔、咬合工具、玩具等）使用不当造成的伤害等。

（3）教师违规惩罚。是指幼儿园教师违反国家有关法规，体罚或变相体罚幼儿导致的伤害。体罚是指教师的行为造成幼儿人体损害的一种行为。广义的体罚还包括变相体罚，如罚蹲下起立、罚站、罚跪等。

（4）课间休息、课间活动受伤。是指幼儿在课间休息、课间自由活动时受伤。

如：幼儿玩耍时发生的较为严重的磕碰或幼儿相互间玩耍发生摩擦受伤等。

（5）参加外出活动受伤。幼儿园组织幼儿外出郊游或参观活动，如果组织不够严密，教师麻痹大意，偶发事件将会不期而遇。这种事故一般具有突发性和不可预见性。但在事故发生的瞬间，教师做出的第一反应应该是尽最大努力保护幼儿的安全。

3. 幼儿自身伤害

（1）幼儿自身体质特殊。特异体质幼儿的管理是幼儿园的一项重要工作。由于症状在平时不易察觉，而家长又没有主动告知园方，特异体质儿童发生意外事故的可能性很大。

（2）由于幼儿有不良生活习惯或心理承受能力较差而造成的伤害。对于幼儿的不良习惯和心理上的问题，家长往往不愿意主动告诉幼儿园，幼儿园没有进行特殊防范和相应教育而导致幼儿人身伤害事故。

4. 外来原因及意外事件伤害

（1）自然灾害。主要有地震、台风等。这种伤害具有不确定性和不可预见性，但当这种意外伤害发生时，幼儿园教师要坚守岗位，帮助幼儿脱险或脱困。

（2）外来人员入侵伤害。因各种原因，怀有不满情绪或敌视社会的外来人员或侵入或在幼儿园附近对幼儿造成的意外伤害。这种情况要求幼儿园提高安全防范意识，严禁校外一切人员进入幼儿园，放学期间严格清理周边闲杂人员，确保安全地把幼儿交到家长手中。

（3）幼儿走失或被他人接走。幼儿走失，属幼儿园严重事故。幼儿走失是幼儿园管理的失误，是幼儿园未尽看管之职。幼儿在幼儿园期间，教师应该像家长一样看管幼儿。幼儿园门卫也要负起相关责任，严禁在未得到许可前提下放幼儿离园。幼儿被他人接走，是幼儿园管理制度漏洞所致。幼儿园必须建立严格的管理制度，如果不是幼儿家长或未得到幼儿家长认可的人接幼儿，严禁将幼儿交到他人手中。

二、幼儿园班级安全隐患

幼儿园班级安全隐患，是指在幼儿园班级生活学习活动中存在的可能导致事故发生的物的危险状态、人的不安全行为和管理上的缺陷。从其定义来说，幼儿园班级安全隐患主要有三个起因。

1. 幼儿园班级内的不安全事物

幼儿园班级内的不安全事物，主要是指在幼儿园班级环境布置时没有将不安全物品放在幼儿接触不到的地方，或者是采用了一些具有危险因素的玩具或者设计等。例如，电线、开关、插座的位置过低；桌椅、大型玩具、建筑物拐角处有锋利的棱角；药品、消毒液摆放不当，幼儿可以随手拿到；等等，都可能成为伤害幼儿的暗器。

2. 幼儿的不安全行为

幼儿的不安全行为，主要是因为幼儿正处于身心发育的阶段，身体的协调性较差，缺乏一些必要的生活经验，自我保护的意识较差，常常不能预见自己的行为会产生怎样的后果。幼儿普遍具有强烈的好奇心，活泼好动，什么都想尝试，对接触到的危险事物常常意识不到其危险性，缺乏自我保护能力。

3. 幼儿园管理上的缺陷

幼儿园管理上的缺陷，会在组织幼儿参与学习生活活动时直接或间接导致幼儿安全事故。一位教师要面对几十个孩子，幼儿在园活动空间又相对较大，幼儿与幼儿之间的交往很多，教师难以全面照顾。例如，户外活动或自由活动中教师站位不合理，不能关注到每个幼儿；教师对某些活动没能预计到可能出现的不安全因素，活动前没能给幼儿足够的提醒；教师对幼儿的不安全行为或超出能力范围的行为不能及时制止或保护。

三、幼儿园安全事故的防范

1. 幼儿入园时的安全管理

（1）幼儿入园后因不愿意来园而走失。这种现象一般发生在幼儿入园后的短暂时间内。早上入园是幼儿在园一日生活的开始，也是家长与幼儿园对来园幼儿进行交接的关键环节。由于幼儿年龄尚小，习惯于家庭自由随意的生活，对来幼儿园不是很情愿，交接时不舍得离开自己的亲人，甚至出现哭闹现象。若此时幼儿园不与家长认真地完成交接，不舒缓幼儿的这种情绪，幼儿就有可能趁机偷偷溜出幼儿园，发生园外走失的问题。

（2）幼儿入园后因好奇而失控。这种现象一般发生在入园时间不长的幼儿身上。有的幼儿非常喜欢幼儿园，来幼儿园会让他非常兴奋，他不仅会对幼儿园的老师和同伴感到兴奋，还会对幼儿园内的学习、生活和活动环境感到好奇。因为这种兴奋与好奇，幼儿常常会在入园交接时，趁教师和家长交谈之际自由走动，以至于脱离了教师和家长的视线监控范围，从而可能导致相关安全事故的发生。

2. 幼儿离园时的安全隐患

（1）离园时因场面乱而失控。幼儿离园，是幼儿园与家长对离园幼儿进行交接的关键环节。由于这是幼儿在园一日生活的最后环节，幼儿都急切地盼望见到接自己的家人，而家人也都急切地想见到和接回自己的孩子。所以，每到放学时间，家长都会拥挤到教室或幼儿园门口，待幼儿出来时，家长们不约而同地往前挤，这时，接幼儿的场面常常比较混乱。而此时，送幼儿出来的老师一方面要回答家长的问题，或向一些家长介绍幼儿的情况，另一方面还得兼顾此时未被接走的幼儿。这个时间关键节点就是容易发生幼儿走失危险的时候。

（2）带班教师离园时的交接工作。每天傍晚，各班总会有少数未被及时接走的幼儿。正常情况下，带班教师离园前，会将这些幼儿都交由值班教师负责。为了明确工作职责，也为了确保幼儿的安全，带班教师必须与值班教师对这部分幼儿进行当面交接，并在“未及时接走幼儿交接记录册”上填写这些幼儿的名字，以及可以接幼儿的人员名单、联系电话等。当幼儿家长来接幼儿时，除了认真核对来接者的身份，做到准确无误外，家长接走一个幼儿，值班教师都要请家长在该幼儿的名字后面签字，确保幼儿被家长安全接走。

（3）离园时对特殊情况的幼儿的交接。对于特殊情况幼儿的交接，如：生病的幼儿、当天表现异样的幼儿，还需向家长详述幼儿的情况，并提出希望配合的要求和具体方法，以确保幼儿离园安全措施到位。

显然，幼儿的入园和离园，是幼儿园与幼儿家长监护和管理幼儿责任完成转移的关键节点。只有双方认真而准确的交接，才能确保幼儿交接过程中不出现疏漏或差错，从而避免可能危及幼儿安全的各种各样问题的出现。

3. 幼儿入园与离园时应注意的问题

（1）健全制度，避免纠纷。为了实现幼儿入园与离园安全准确的交接，避免造成家园双方不必要的责任纠纷，家长与幼儿园之间，尤其是班级和幼儿家长之间，应当建立严格的幼儿入园与离园交接制度。一方面要求班级和家长充分认识幼儿交接的重要意义，提高保护幼儿的安全意识；另一方面，双方要在协商的基础上签订安全接送协议书，在制度上明确双方的责任和确保各自的权益。

（2）坚持晨检制度，防止疾病蔓延。幼儿入园时，为了防止忽略晨间检查，应避免家长让幼儿单独入园，或者把幼儿领到班上不向教师打招呼就离开。班级教师要坚持“一看二问三摸四检查”的晨检制度。要求家长送幼儿入园时，要主动让幼儿接受保健人员的晨间检查，尤其要主动报告身体存在的不适情况。教师一方面要对于身体有异样的幼儿给予照顾看护，另一方面要防控疾病蔓延。

（3）坚持“招呼”制度，防止幼儿脱离监管。家长要坚持送幼儿进活动室，并和教师打招呼，直到得到确认后方可离园。家长有急事需中途接送幼儿，或委托他人来接幼儿，必须事先说明情况和出示接送卡，没有接送卡不能接走幼儿。

4. 幼儿入园与离园时的安全措施

（1）配备“保教双师”接待幼儿和家长。幼儿入园离园时，幼儿园最好配备两位教师参与接待幼儿和家长，一位负责组织好幼儿，另一位负责接待家长。但不管是哪一位教师，都要时刻留意每一个幼儿的动态，预估其可能将要产生的危险行为，及时加以正确的引导，从而将危险源彻底切断。

（2）做好情绪安抚工作，消除幼儿不良情绪。当幼儿急切等待家长来接时，教师要注意观察幼儿的情绪，如发现幼儿有焦虑等不良情绪时，就应及时给幼儿以安慰和鼓励，帮助幼儿消除不良情绪。帮助幼儿消除不良情绪的方法一般采取转移注意法，即引导幼儿做手工、讲故事、和其他同伴做游戏等。教师一定要注意防止幼儿在室内追逐、打闹、嬉戏等造成伤害。

（3）做好换班时交接工作，消除误会。班级换班时，要进行严格的安全的交接。例如，交接时要口头向接班的教师认真交代本班幼儿的情况，认真填写交接班记录，记录幼儿出勤人数、健康状况、情绪状况、带药品名称及服用方法等。交接前后都要对幼儿进行检查，教师交接清人数及有关注意事项后方可离园。对因传染性疾病缺勤，或是幼儿在园意外误伤等不严重的轻微事故，也要认真进行交接。一是明确责任；二是提醒接班人注意照顾；三是便于把事情经过及时向家长解释和交代清楚，消除家长误会。

练习与思考

1. 幼儿园常见安全事故有哪些？
2. 作为幼儿园教师应该怎样防范安全事故发生？

任务二　幼儿园安全隐患的排查

任务目标

了解幼儿园常见的安全隐患有哪些。

任务重点

掌握排除安全隐患的方法。

任务难点

掌握安全隐患的发生规律及排除方法。

幼儿园安全隐患有多种类型。为了更好地保证幼儿在园的安全，教师应从以下三个方面对幼儿园常见的安全隐患进行排查。

一、排查硬件设施的安全隐患

1. 饮水设备的安全放置

统计数据显示，我国每年约有 2 600 万人发生不同程度的烧烫伤[①]。其中，儿童烧烫伤占 30% 左右，0 ～ 5 岁为高发年龄。严重烧烫伤对儿童的身心影响将伴随一生，而烧烫伤作为意外事故，是完全可以预防避免的。

幼儿园内饮水设备的放置一定要选择相对封闭且不允许幼儿进入的场所，或是幼儿身高够不到的地方，如老师的办公室等。

2. 活动器材和工具的安全检查

幼儿园大型活动器材（如：攀登架、滑梯、秋千、转转车等）也是造成儿童意外伤害的重要原因之一，所以幼儿园在购置这些大型活动器材时要保证其绝对安全，并定期检查，及时维护。

幼儿园要确保用于教育教学活动工具的安全，对其按时消毒、安全放置。

① 吴宗耀 . 烧伤康复学 . 北京：人民卫生出版社，2015.

活动器材和工具要
清理消毒，安全放置

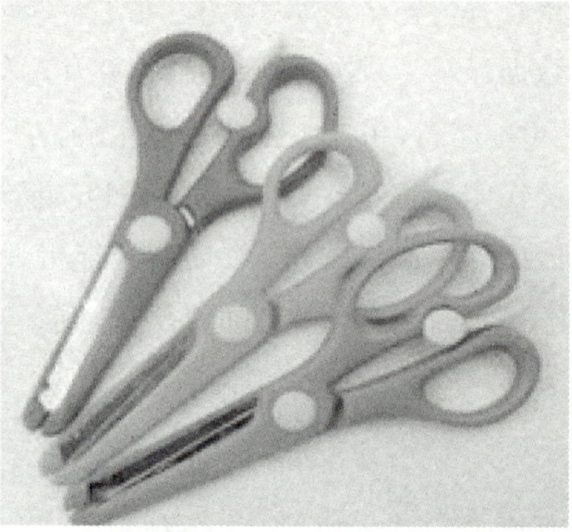

3. 消毒物品的安全存放

为了保证幼儿园环境不被污染，幼儿园会定期进行消杀，消灭有害飞虫，净化空气，所以幼儿园会经常性购置用于消毒的物品。幼儿园在存放这些物品时一定要选择密闭、避光且不能被幼儿拿到的地方。幼儿园要建立消毒物品进出仓库制度，并有专人管理。

蚊蝇药、消毒液等
存放在安全地方

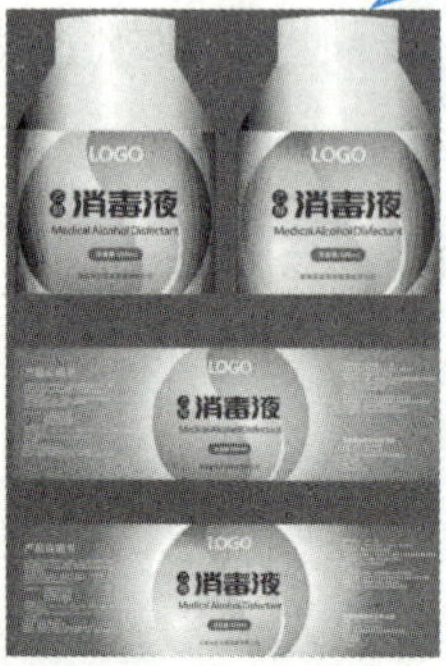

4. 活动室、教室窗户安装防护栏

出于安全考虑，幼儿园会在活动室、教室的窗户上安装防护栏，一定要注意美观、不遮光，防护栏光滑、不露尖等因素，以免对幼儿造成身心伤害。一般位于一层的活动室、教室的栏杆不是直接安装在窗户上面，而是安装在室外的园区中，这样既不影响室内正常采光，也不会给幼儿压抑的感觉。

5. 室内电源的安全设置

一般来讲，幼儿园室内电源要设置在 1.7 米以上的位置，绝不可设置在幼儿可能够到的地方。同时，幼儿园还要有专业电工经常检查电线是否老化，及时更换不合格电源设备，以保证幼儿安全。

6. 厨房设置安全

厨房是幼儿园必不可少的生活设施。一般地，幼儿园的厨房应设置在幼儿不能进入的地方，以避免幼儿因为好奇而进入厨房或误闯厨房而受到意外伤害。如果条件允许，厨房最好单独设置；如果条件不允许，厨房也要与幼儿活动室、教室等位于不同楼层。

厨房不与活动室同层，避免幼儿误入

7. 送饭安全

在幼儿开饭时，厨房要把饭食送到幼儿活动区域，以方便幼儿就餐。幼儿园在安排送饭时要注意以下几点：一是送饭的时间要与幼儿自由活动的时间错开；二是工作人员在送饭前要观察送饭的路径，避免与正在玩耍的幼儿相遇，以免烫伤幼儿；三是要保证送饭工具的安全性能，不可因送饭工具质量不合格而造成对幼儿的伤害。

送饭与活动时间错开，观察路径，防止烫伤幼儿

8. 建筑转角处与家具棱角的安全处理

幼儿园内的建筑物转角处以及活动室、教室的家具棱角等，应粘贴乳胶防护角，以避免幼儿磕伤。幼儿园对园内凡是幼儿能够得着的地方的棱角都要做适当处理，确保幼儿不被磕伤。

9. 课桌椅的安全处理

幼儿园教室、活动室的课桌椅是幼儿经常使用的物品，这些物品由于使用频率高，用来固定的螺丝可能会有松动，如果不及时检查与维修，很可能对幼儿造成伤害。因此，幼儿园后勤部门要经常检查活动室内课桌椅上的钉子和螺丝是否有松动脱落，及时修理，避免幼儿在使用过程中发生伤害。

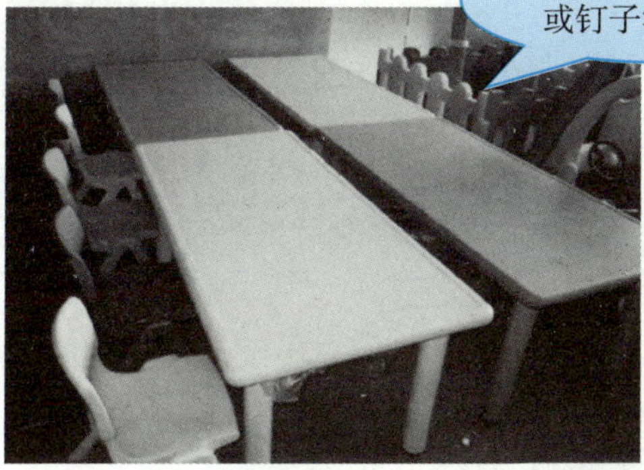

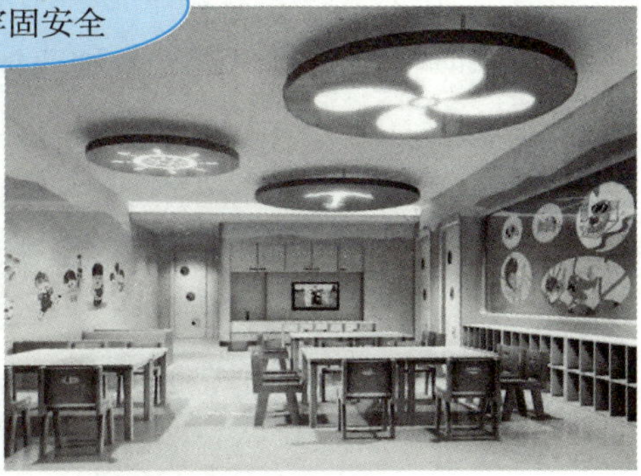

二、排查教职工隐患

（1）要检查教师是否擅自离开或打瞌睡或干私活。如果教师或保育员在幼儿午睡时开小差，就可能发生幼儿在午睡时因为翻身跌落或窒息等意外。

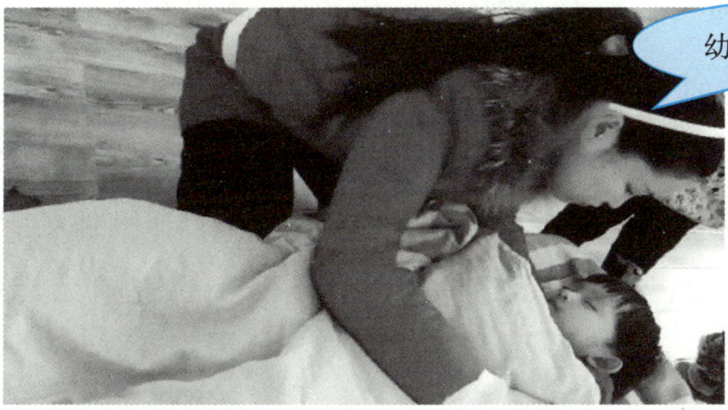

（2）要检查幼儿园的大门是否及时关闭，门卫、班主任看管是否严格，幼儿有无私自跑出幼儿园。门卫严禁离岗，要有高度责任感和安全意识。

（3）检查门卫对陌生人的处理方法。幼儿园应当做到不见卡不放人。有特殊情况，应检查来接人的身份证或工作证等其他有效证件。

（4）幼儿园要以制度的形式落实定期对教职工进行体检，以排除疾病隐患。

（5）幼儿园在开消毒灯前，教师或保育员应检查室内是否有人，避免对室内人员造成伤害。

三、排查幼儿活动时的安全隐患

（1）随着幼儿园环境的不断改善，幼儿户外活动逐渐增加，活动场所面积逐断增大，户外活动场所中，大型玩具造型新颖，色彩鲜艳，玩法有趣，很容易吸引幼儿的注意力。大型玩具场地发生意外伤害的概率明显高于其他场所。因此，活动前教师应检查运动器械是否完好及活动场地是否平整，场地有无其他不安全因素等。

（2）幼儿园在组织幼儿参与活动前，教师一定要检查幼儿的身体状况，检查幼儿的衣着、鞋子等是否适合参与活动并及时做出调整。

（3）幼儿园每次组织活动前后及教师交接班时，都要及时清点幼儿人数，时刻做到心中有数，避免幼儿走失。

练习与思考

1. 幼儿园常见安全隐患有哪些？

2. 如何排查幼儿园安全隐患？

任务三 班级区域活动安全管理

任务目标

1. 了解幼儿园班级区域活动的分类。
2. 学会分析哪些活动区域是事故多发区。

任务重点

掌握防范措施，及时、即时对幼儿进行安全教育。

任务难点

掌握幼儿安全教育和教师安全教育的要求。

幼儿园班级区域活动多，教师一定要树立安全防范意识，主动观察幼儿活动区域中哪些地方可能是事故多发区，在幼儿进入这些区域前给予幼儿警示教育；在幼儿进入这些区域活动过程中，要时时观察幼儿情形，即时给予指导。

一、区域活动安全分类

幼儿在园一日区域活动安全管理的内容，按区域划分为饮食与卫生安全、睡眠安全、教育与活动安全、游戏活动安全和心理安全等五大类。

1. 饮食与卫生安全

（1）早、中、晚餐及盥洗活动安全。

（2）如厕喝水活动安全。

2. 睡眠安全

（1）睡姿安全。

（2）上床前衣服内尖锐物品等的检查。

3. 教育与活动安全

（1）课堂教学活动安全。

（2）外出参观活动安全。

（3）大型活动安全。

（4）学习用具使用安全。

4. 游戏活动安全

（1）餐后游戏活动安全。

（2）户外游戏活动安全。

（3）室内游戏活动安全。

5. 心理安全

（1）参加教育活动或游戏前的心理疏导。

（2）入园、离园心理疏导。

（3）正确对待挫折的心理疏导。

（4）正确对待黑暗的心理疏导。

（5）正确对待打针吃药的心理疏导。

幼儿园安全工作关系到千家万户。幼儿园安全教育在每个时间段里都要进行，在教育教学、游戏活动中都要渗透安全教育。安全教育警钟长鸣！

二、幼儿安全教育

幼儿园安全工作是一切工作中的重中之重，所有教育教学工作的完成必须以幼儿的安全为前提。教师要让幼儿在幼儿园愉快平安地度过每一天，就要把培养幼儿良好行为习惯作为日常工作的重心，随时提醒幼儿，从点滴做起，认真培养幼儿的安全意识和自我保护能力。

1. 交通安全教育

（1）交通规则教育。

1）认识并制作色彩鲜艳的交通规则卡片。

2）编唱交通规则儿歌。

（2）交通标识教育。

1）认识并制作色彩鲜艳的交通标识卡片。

2）编唱交通标识儿歌。

（3）出行安全教育。

1）走路靠右边走人行道，不在公共场合追逐、打闹。

2）乘车时先下后上，不拥堵车门，不把头、手伸出窗外等。

3）被滞留在车内的呼救或脱身方法。

4）参加活动或护送幼儿回家的教师要认真检查车厢，以防幼儿滞留在车厢内。

2. 消防安全教育（大班幼儿）

（1）参观消防队员日常工作。

（2）参观消防车及构造。

（3）观看消防队员实地训练演习。

3. 预防自然灾害安全教育

（1）预防火灾及发生火灾自救常识教育。

（2）预防地震及发生地震自救常识教育。

（3）预防洪水及发生洪水自救常识教育。

（4）预防台风及发生台风自救常识教育。

4. 安全警示教育

（1）园内不适宜幼儿玩耍的地方要挂警示牌。

（2）灾难警示图片或影片观看，警示幼儿远离有危险的人、事或地方。

（3）防触电教育：下雨天远离电线杆、大树，不在小区等地的水池内玩耍，不用湿手、湿布接触电器外壳，发现损坏电线插头等报告老师，不直接接触触电者等。

【案例】

不适当行为导致伤害

教师组织幼儿观察下面四组图片，思考下列图片中的幼儿行为可能导致哪些事故。在幼儿讨论的基础上，教师帮助幼儿分析并最终告知幼儿“不恰当行为会导致伤害”。

笨鸟别走，擦干净再走！
A60

妈呀！

好啦
别出声

幼儿园对幼儿进行安全意识教育，要从生活的点滴做起，要有意识地培养幼儿的自我保护能力。例如，对幼儿进行饮食安全教育时，就要教育幼儿热汤热水要吹一吹，等凉一点再喝，避免烫伤；吃饭不能说话，以免食物进入气管等。对幼儿进行生活安全教育时，要告诉幼儿不要把不安全物品带到幼儿园；指甲长了要及时修剪；上床睡眠不带物品玩等。对幼儿进行公共礼仪教育时，告诉幼儿要排队，不推不挤，懂得谦让。对幼儿进行日常安全教育时，要告诉幼儿记住家里及父母的电话号码，不跟陌生人走，不跟家庭成员以外的人走，知道怎样正确使用急救电话等。

三、教师安全教育

（1）幼儿园安全制度教育——教师烂熟于心，认真执行。幼儿园安全制度，应该说规范齐全，涵盖幼儿园生活学习的方方面面，并且条文具体、职责明确。为了很好地落实这些制度，幼儿园就要对教师进行严格认真的安全制度教育和必要的安全急救技能培训，如：幼儿园教师一日工作常规，异物排除技能、幼儿安全疏散等应急处理方法。

（2）幼儿园法律法规培训——教师依法执教。幼儿园要有计划地对教师进行《中华人民共和国未成年人保护法》《幼儿园工作规程》《幼儿园管理条例》《纲要》等法律法规、规章制度的培训，让教师在法律法规案例中学习，懂得依法执教、依法行事的重要性，提高教师对安全事故的预判能力，避免事故的发生。

（3）幼儿园卫生常识培训。幼儿园要经常对园内所有工作人员进行卫生常识培训，让所有工作人员明确食品卫生安全、日常生活用具消毒、日常学习用具消毒、大中小型玩具消毒、活动室消毒等要求，提高认识，增强责任心，杜绝不安全事故发生。

（4）安全检查常态化。幼儿园要通过教育，让所有工作人员树立安全检查常态化的意识，并把安全检查工作落实到位，把及时维护工作落实到人。如：定期对环境、设备、活动场所、幼儿用具、房舍以及水电暖设备等的检查与维护。

（5）防止摔伤或溜号事故。幼儿园组织幼儿集体活动要有领导、有计划、有组织、有严密的安保措施，尤其是户外活动，一定要保证全体幼儿不离开教师的视线，不让个别幼儿离开集体，单独留在室内。同时，教师在组织活动前要进行安全检查。如：体育活动要检查场地；外出散步、参观要观察周围环境；组织室内活动要注意家具的放置等。禁止在室内组织跑、跳等较为激烈的体育活动。教育幼儿不在活动室内乱跑和大声喧哗。

（6）防止异物入口。在幼儿入园或日常活动中，教师在幼儿午睡前要检查身上有无危险品，严禁把危险物品带上床。如：火柴、小刀、别针、扣子、小珠和玻璃片等。教师要监督用药，幼儿要按时服药。幼儿服药前，教师要仔细查对姓名、药品、剂量、用法，并亲自督促服下。服药情况要有记录，内服药与外用药严格分放。

（7）防止烫伤。教师要严禁幼儿拿开水壶、烫饭等，热水瓶等要放在适当位置。厨房要提前把饭菜做好，不要让幼儿吃烫饭，给幼儿喝温度适宜的开水。

（8）防止幼儿丢失。教师在交接班或组织幼儿活动时，都要随时清点人数，幼儿入园、离园时要与家长交代情况。

（9）防止食物中毒。幼儿园要严格遵守采买食物验收制度，不吃不洁和腐烂的食品，每天的食物要取样并保留 24 小时。外出时，严禁幼儿摘吃野果。

（10）幼儿园室内、室外电器开关要设置在幼儿接触不到的地方，禁止幼儿自行开关电灯、电视机、收录机、消毒柜等电器。

（11）幼儿园晚班或值班人员在下班前，必须仔细检查教学楼内门、窗、水、电是否关好，幼儿园内是否有异常情况。

四、幼儿在园一日活动安全制度

1. 一日活动安全制度的建立

严格的管理制度，是确保幼儿园各项活动正常开展的重要保证。幼儿园一日活动安全制度，要对幼儿一日活动中的每一个活动环节，建立操作规程性强、责任明确的要求，保证幼儿在每一地点、每一时间、每个环节都受到教师无微不至的关心与照顾，保证幼儿在安全环境中健康成长。

2. 确保安全管理制度的有效落实

幼儿园的安全能否得到真正的保障，除了安全管理制度是否健全完善外，关键还要看制度在管理过程中是否真正得到认真的贯彻执行。只有真正把制度落到实处，才有可能最大限度地避免安全事故的发生。为此，幼儿园要从教育和管理上把制度落实到人，建立相应的奖惩制度，督促教职工认真履行各种安全职责。

【案例】

玩滑梯：帮助幼儿树立安全意识，现场学习取得经验

小朋友A玩滑梯时摔倒了，李老师就地取材，利用小朋友A玩滑梯时摔倒事例，组织在场的小朋友讨论小朋友A为什么会摔倒，小朋友应该怎样做才不摔倒。在场的小朋友有的说“A小朋友滑得太快了！”“滑下来的时候身体歪斜了”……教师肯定了小朋友们的说法，并强调玩滑梯时要注意：一要注意速度不能太快；二要双手松扼（不要握死）滑梯栏杆，保持身体平衡（不歪斜）。之后，李老师问：“哪位小朋友愿意再尝试一下玩滑梯不摔倒？其他小朋友要认真观察哟。”小朋友D（小男孩）勇敢地举起手，李老师保护性地站在滑梯旁，请D为大家表演玩滑梯。这一次，李老师指导D坐正身体，嘱咐D放慢速度，并用双手控制速度开始滑……D稳稳地从滑梯上滑下来，恰到好处地停留在滑梯底部，然后站起来，没有出现摔倒的情形。李老师又问小朋友们：“这一次D为什么会安全地滑到滑梯底部且不摔倒？”小朋友们七嘴八舌地说出自己观察到的情形。李老师在确认小朋友们掌握了玩滑梯的方法后，再次组织小朋友们玩滑梯。这一次，小朋友们不再担心玩滑梯摔倒了，开心大胆地玩起来了。

【案例】

图说安全：帮助幼儿学会观察，获得间接经验

幼儿园将有关安全事故的图片贴于班级墙上，组织并引导幼儿讨论：图片上呈现了什么样的不安全事故？如果我们遇到了，怎么做才能尽量避免危险？

经过讨论，对于第一幅图教师要给幼儿明确两点：一是活动室内不能将凳子抛起来玩，这样会砸到别的小朋友；二是活动室是小朋友们学习、活动的地方，不能在这里追逐、打闹。针对第二幅图教师要给幼儿强调两点：一是小朋友不能玩插座，否则会触电；二是钉子带尖，本身就容易伤到小朋友。图中的小朋友将钉子插入插座会导致她触电。

这种图片形式的安全教育比简单说教留给幼儿的印象更深。

【案例】

帮助幼儿树立安全意识，养成远离危险习惯

幼儿园安全教育是保障幼儿健康成长的必修课。幼儿园要将安全教育纳入平时工作中。如：教育幼儿参加集体活动时不离开班集体；教育幼儿不玩火、不玩水、不玩危险物品；教育幼儿不挖鼻孔、不掏耳朵、不用手揉眼睛；不吃脏东西，养成良好的卫生习惯等。教师还要因季节时令变化，提醒幼儿不到危险的地方去玩。

教师请幼儿观察下面几幅图片，说出图片中展示的危险因素有哪些，在幼儿观察分享的基础上，引导幼儿说出如何防范这些危险。

在幼儿观察、讨论、回答问题的基础上，教师帮助幼儿列出图片中展示的危险情形。同时，启发幼儿思考补充生活中还有哪些危险的事不能做，哪些危险的地方不能去。

教师在幼儿讨论的基础上，帮助幼儿归纳分类他们说出的不能做的“危险事”和不能去的“危险地方”，并委托幼儿找到他们说的“不能做的危险事”“不能去的危险地方”的图片展示在班级专栏墙上。

【案例】

运动受伤应急处理：学会运动基本技能，避免运动受伤

幼儿园要加强体育课教学，培养幼儿掌握正确的走、跑、跳、攀、爬等运动的基本技能，鼓励幼儿在运动中加强平衡、协调能力的练习，避免运动受伤。但是，即使幼儿能够很好地掌握运动的基本技能，运动中受伤也是时有发生的。所以，教师在培养幼儿运动技能、运动中自我保护技能的同时，还要注意教会幼儿出现运动受伤的情形时如何做出简单处理。

教师请小朋友观察下面的两幅图片，观察左边的图片，思考：小明是在什么运动中受的伤？怎么处理小明的伤最合适？

答案是小明在和小伙伴在踢足球的过程中不小心摔倒，膝盖蹭破出血。其他小朋友们赶紧扶起小明来到园医务室，找园医老师处理。园医老师用碘酒给小明清洗伤口，然后在小明伤口上敷了药，用纱布给小明包扎伤口。

教师还可以进一步追问，引发幼儿思考：如果医务室恰好没有碘酒，只有生理盐水和酒精，那么应该用什么来给小明清洗伤口？园医老师给小明的伤口上敷的是什么药？如果还有小朋友在运动中扭伤了脚，应该怎么做？

教师再请小朋友们观察右边图片中“飞脚踢足球”的小兰，让幼儿思考：这可能会发生什么样的运动伤害？能列出几种情形就列出几种情形，然后由教师引导幼儿做出分析和处理。

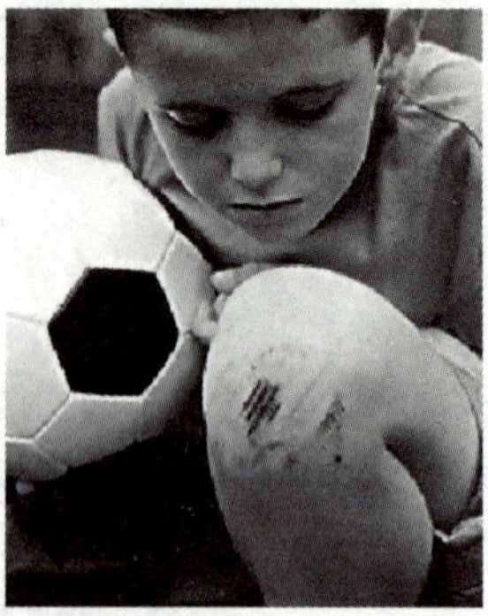

练习与思考

1. 幼儿园班级区域活动安全分为哪几种类型？
2. 如何防范班级区域活动可能发生的安全事故？
3. 如果班级区域活动中发生了安全事故，作为教师应该怎么做？

任务四　幼儿园安全教育活动形式

任务目标

了解幼儿园安全教育活动的形式。

任务重点

掌握各种形式的幼儿园安全教育活动的设计方法。

任务难点

能够设计幼儿园安全教育活动。

幼儿园的安全教育活动是面向全体幼儿的教育活动，如何以幼儿喜闻乐见的形式学习安全知识和基本的自救方法，是幼儿园教师必须要考虑的。这里我们提供五种安全教育活动形式，供大家参考。

一、案例——系统、全面的安全知识教育

针对幼儿身体安全、家庭安全、幼儿园安全、社会安全、自然安全、认识安全标识六项内容，幼儿园要做出系统系列的安全教育计划，分门别类地以案例的形式对幼儿进行安全教育活动。

【案例】

幼儿身体安全：会正确穿脱衣服

幼儿初入幼儿园，困扰他们最大的问题就是午休前后自己穿脱衣服。错误地穿脱衣服，有时也会给幼儿造成身体上的伤害。如：套头衣服的拉链会刮伤幼儿的脸、穿衣顺序不对会让幼儿着凉等。加上有相当一部分幼儿根本不会自己穿脱衣服（平时在家有家长帮着幼儿穿脱衣服，幼儿根本没有机会学习自己

穿脱衣服）。因此，教会幼儿正确穿脱衣服，就成了幼儿园教师必须做的功课。这也是幼儿园对幼儿进行安全教育的重要内容之一。

为了方便学习与记忆，我们以图例的形式展示幼儿穿脱衣服的步骤及顺序。

➢ **穿衣方法：**

套头衣服
穿衣方法

分清前后，正面朝前，双手抓住衣服底边 ⇒ 将衣服从头上套到肩膀上 ⇒ 一只手抓住衣襟一边，另一只手伸出袖口 ⇒ 整理衣服（拉上拉锁、系好小扣子，将衣服整理好）

开襟衣服
穿衣方法

将衣服从前往后甩到肩膀上 ⇒ 两只手分别抓住衣襟一边，另一只手伸出袖口 ⇒ 整理衣服（拉上拉锁、系好小扣子，将衣服整理好）

➢ **脱衣方法：**

套头衣服
脱衣方法

双手交叉抓住衣服两底边，向上翻脱到肩膀 ⇒ 从头上取下衣服 ⇒ 将衣服整理好

➢ **穿脱衣服顺序：**

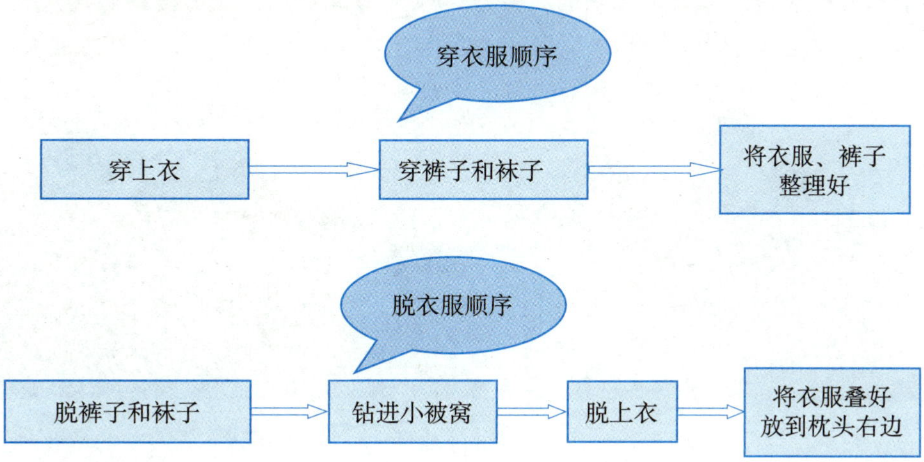

【案例】

幼儿园安全：不在楼梯上嬉戏

幼儿园内，上下楼梯也是危及幼儿安全的潜在因素。因此，幼儿园教师要时刻教育幼儿不能在楼梯上玩耍、嬉戏、打闹。

教师请幼儿观察下面两幅图片，请幼儿讨论：图片中幼儿的行为是否正确？这样在楼梯上追逐或打闹会怎么样？

教师在大家讨论的基础上，归纳这两幅图片展示出可能发生的危险情况：摔倒、滚下来、踩踏、与上楼梯的小朋友发生碰撞等危险。

在楼梯上嬉戏、追逐、打闹

教师再请幼儿观察下面两幅图片，让幼儿讨论：图片中小朋友的行为是否正确？自己应该怎么做是正确的？最后，教师告诉幼儿，上下楼梯要注意有序行进、相互谦让。

有序上下楼梯

【案例】

社会安全：社会治安中不安全因素的预防

社会安全包括社会治安安全（用每万人刑事犯罪率衡量）、交通安全（用每百万人交通事故死亡率衡量）、生活安全（用每百万人火灾事故死亡率衡量）和生产安全（用每百万人工伤事故死亡率衡量）。一般地，涉及幼儿的社会安全基本上是前三种安全，其中的最大危险是社会治安问题——幼童失踪。

截至2019年5月15日，公安部儿童失踪信息紧急发布平台共发布3 053名儿童失踪信息，找回儿童2 980名，找回率为97.6%。其中，离家出走儿童1 705名，占55.8%；迷路走失儿童424名，占13.88%；溺水等意外身亡儿童140名，占4.58%；解救被拐卖儿童48名，占1.57%。

从数据上看，幼童失踪情况虽然复杂多样，但都有家庭疏于管理之责任。幼儿生活、成长的家庭是否和谐稳定，是保证幼儿社会治安安全的重要因素。因此，幼儿园在对幼儿进行各类安全教育的同时，也有责任对家长实施教育，让家长懂得“为孩子创设和谐幸福家庭环境”才是孩子健康成长的最重要因素。

【案例】

自然安全：自然灾害风险中逃生与自救

所谓自然灾害风险，是指因自然力的不规则变化产生的导致危害经济活动、物质生产或生命安全的风险。如地震、水灾、火灾、风灾、雹灾、冻灾、旱灾、虫灾等自然现象。因此，幼儿园在对幼儿普及自然灾害安全教育的同时，要对幼儿进行自然灾害中的逃生与自救训练，尤其是火灾、地震、水灾中的逃生与自救训练。

【案例】

家庭安全：家庭纠纷对孩子的伤害

老师发现森森每天来到幼儿园总是愿意独处，从来不主动与其他小朋友一起玩耍。老师把森森叫到一边，边陪森森玩耍边和森森聊天。森森告诉老师，他的爸爸、妈妈不知为什么总是吵架，森森为此非常不开心。

于是老师主动与森森的爸爸、妈妈进行了沟通，以幼童失踪案中的数据告诫森森的父母，家庭纠纷可能给森森的幼小心灵造成伤害，家庭纠纷已经成为幼童失踪的重要因素之一。老师把森森的心理活动告诉了森森的父母，并希望他们能给森森一个和睦的家庭成长环境。

【案例】

认识安全标识：识别交通安全标识，正确通行

幼儿园不仅要在安全教育课上教会幼儿准确认识交通标识，而且要注意在日常生活中教会幼儿正确出行。根据中国汽车研究中心报告，我国近年来平均每年有超 1.85 万名 14 岁以下儿童死于交通事故。采访中记者发现，虽然幼儿园、学校和家长都给儿童讲了出行必须遵守交通规则，但面对“如何过马路”“如何避让车辆等问题”，儿童，特别是幼儿园的幼儿仍显得懵懵懂懂。也就说，虽然幼儿知道“红灯停、绿灯行”，但面对宽广的马路，却不知如何过去；看到来往车辆，更不知如何避让。根据历年警情来看，过马路抢行、在道路边玩耍是儿童发生交通事故的主要原因。可见，认识交通标识，知道交通规则，并不等于会在马路上行走。因此，实战练习是非常重要的。

建议幼儿园内以马路交通要求标准，模拟马路交通，把幼儿园内通行线路规划成交通线，设置“红绿灯”，训练幼儿正确运用交通线、识别红绿灯通行。

二、情景剧——玩中学、学中玩

情景剧在幼儿安全教育中有其独特的魅力。因此，我们鼓励教师在对幼儿实施安全教育的过程中，结合安全教育内容，创作情景剧，让幼儿在玩中学、学中玩。

安全教育情景剧应为不同年龄段的幼儿设计不同内容的剧本，应包含人身安全、交通安全、社会安全等方面的安全教育。

三、逃生演练——理论与实践相结合

安全逃生演练的目的，是提高幼儿园师生抗击突发事件的能力，特别是灾情突发时快速疏散的能力。同时训练幼儿在紧急情况下听从教师指挥有序逃生。

通常，幼儿园安全逃生演练有以下三种：一是发生火灾时的安全逃生演练；二是发生地震时的安全逃生演练；三是发生水灾时的安全逃生演练。幼儿园进行安全逃生演练时，教师需熟知逃生路线，快速形成分工，在最短的时间内迅速引导全体幼儿有序、安全疏散。

幼儿园逃生演练要定期进行，让全体师生了解和掌握逃生方法、选生路线，培养和训练师生面对紧急情况时的沉着应对的能力。

【案例】

火灾逃生演练

必备常识：火灾常识及火灾逃生方法。

必备物品：毛巾、水（自来水、矿泉水均可）、棉被等。

当火灾发生时，用水把毛巾或棉被淋湿（越湿越好），用毛巾捂住口鼻，用棉被裹住身体，弯腰走步梯逃生。

如果火灾发生在人群密集的地方，如幼儿园教室或活动室，教师首先要稳定幼儿的情绪，然后快速组织幼儿拿出手绢或外衣用水淋湿、捂住口鼻，弯腰（尽量放低身体）从步梯逃生。逃生时，一定要防范发生踩踏事件。

【案例】

地震逃生演练

必备常识：地震常识及地震逃生方法。

当地震发生时，要听从老师指挥，按照平时演练逃生的路线、走步梯有序逃生到空旷地带。逃生过程中，不要拥挤或推搡，以免挤倒其他小朋友，进而引发踩踏事故。

如果没有机会逃出教室或活动室，一定要找墙角或管道、桌子旁边藏身，等待救援。

四、社会实践活动——实践出真知

社会实践活动是一种特殊教育活动。幼儿园的社会实践活动是课堂教学的延伸，是教育教学的重要组成部分。让幼儿走出园门，广泛接触社会，开阔视野，增长见识，获得体验，为幼儿综合能力的提升奠定基础。

【案例】

参观科技馆

幼儿正值求知欲望最强烈的年龄，他们经常向大人提出“这是什么”“为什么”等问题。家长和教师应帮助幼儿寻找答案，培养幼儿探索知识奥秘的习惯。

为了开阔幼儿视野，保护幼儿的求知欲，家长和幼儿园都要带领幼儿走出家庭或幼儿园，到科技馆、博物馆去。

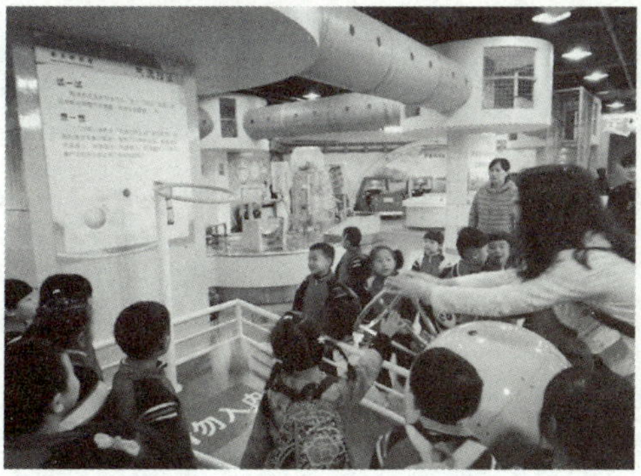

五、家长助教——家园共育，安全护航

幼儿园的教育离不开家长的理解、支持和参与。家长助教是一种新型的家园共育方式。家长身上蕴含着丰富的教育资源，作为教师只要充分挖掘这些教育资源，利用其为教育服务，就会收到良好的教育效果。幼儿的家长来自各行各业，如教师、警察、医生、消防员、超市工作人员、公交司机、飞行员、保洁员、库房管理员、快递员等，幼儿园应有意识地请一些职业特点明显且与幼儿日常生活紧密相关职业的家长，到幼儿园为幼儿进行家长教学。

家长们贴近职业生涯的讲解，能够让幼儿了解父母工作的辛苦和不易，同时也能满足幼儿对各种职业的好奇心。

此外，幼儿园还可通过家长讲座和安全知识问卷方式，调查、了解家庭的安全防范意识，和家长分享安全防护知识，指导家长习得各种安全自救知识与方法，从而形成家庭、幼儿园、社会三位一体的幼儿安全教育模式，为幼儿的安全保驾护航。

练习与思考

1. 幼儿园安全教育活动有哪些形式？
2. 作为幼儿园中班教师，你将如何设计你班的安全教育活动？请举例说明。

任务五　幼儿园安全教育的方法与途径

任务目标

了解幼儿园安全教育的方法与途径。

任务重点

掌握幼儿园安全教育的几种方法。

任务难点

能够运用幼儿园安全教育方法与途径对幼儿实施安全教育。

幼儿园安全工作是开展幼儿教育教学工作的基础，更是幼儿健康成长的根本保障。因此，幼儿园必须将安全教育工作放在首位。那么，幼儿园安全教育有哪些方法和途径呢？

一、幼儿园安全教育的方法

安全教育是幼儿园教育活动的重要组成部分，要充分利用各种有效的方法，有目的、有计划地组织实施安全教育活动，帮助幼儿树立良好的安全意识，掌握简单的安全防护知识，提高幼儿的自救能力。同时，应根据幼儿园安全教育目标和内容，结合幼儿身心发展规律及特点，设计一系列安全教育方法。

1. 环境创设法

环境创设是幼儿园最直观的教育手段，通过有趣的图片、漫画、标志符号等布置安全宣传栏或墙饰，让幼儿在环境的潜移默化中得到安全教育的熏陶。如设置“过马路要走人行道”“红绿灯和交通安全标志”“不玩火，不玩电”“不从高处往下跳”“上下楼梯要靠右边走”“不爬窗户”“不跟陌生人走，陌生人叫门我不开”“遇到火警、生病和坏人时应该拨打什么电话”等一些安全提示图或安全提示语，并且要定期更新。

2. 情景模拟法

利用各种废旧物品和玩具，通过区域模拟创设警察岗亭、公共汽车站、救护中心、消防队等区角，让幼儿在角色扮演中模仿体验，培养幼儿的安全意识，练习基本的自救方法。

3. 游戏体验法

幼儿通过生动有趣的游戏体验进行自我保护和安全自救的学习。游戏是幼儿最感兴趣的活动，也是最有效的教育方式，教师要充分利用游戏活动，设计一些与安全有关的情境，让幼儿在轻松、愉快的游戏活动中体验练习。

4. 案例分析法

在日常生活中经常会发生一些与幼儿有关的安全事故。案例分析就是通过对幼儿日常生活中所见所闻的危险事件进行分析，让他们了解危险发生的原因，知道什么事情可以做、什么事情不可以做，引导幼儿学习一些简单的自我保护方法，提高安全防范意识，进而帮助幼儿养成应对危险事件的正确态度和行为。

二、幼儿园安全教育的途径

1. 安全教育活动

安全教育活动是指根据幼儿园教育目标，教师有目的、有计划地组织幼儿学习特定内容，促进幼儿发展的一种活动形式。具有鲜明的计划性、目的性、系统性、组织性、直接指导性等特点。

例如，幼儿园的安全演习。安全演习能够提高幼儿的行动反应能力和危机感。在演习过程中，幼儿始终处于一种近似于真实的危险之中，接受来自恶劣环境、紧急情况、内心恐惧的重重考验。在这样一种身临其境的状态下，引导幼儿学习自救的方法和措施，更能让其掌握牢靠。又如，安全情景剧活动“不跟陌生人走”，针对幼儿缺乏社会认知能力、自我保护技能弱、判断危险状况的能力较差的特点，通过创设情境、讨论交流、经验拓展、场景再现等形式，帮助幼儿了解什么是陌生人、遇到陌生人应该怎么办，增强幼儿的自我保护意识，提高幼儿的辨别能力和沉着冷静处理问题的能力。

当然，幼儿园教育教学中涉及的安全知识非常多，教师在进行教育时应该使安全知识和幼儿的日常生活经验建立联系，启发幼儿活学活用。例如，用电安全、交通安全等问题。在开展安全教育活动时要考虑到幼儿的认知特点，教师可以将平日搜集的各种与安全相关的图片或音像资料（防火、防雨、防煤气中毒、防触电等内容）按照主题进行分类，通过看一看、想一想、说一说、试一试、做一做等方式引导幼儿学习安全知识。此外，还可以以讨论的方式开展安全教育活动。

2. 日常生活教育活动

安全与幼儿的日常生活息息相关，安全教育不是一朝一夕可以完成的事情，意外往往发生在我们疏忽的那一刻。幼儿一日生活的各个环节都是安全教育的好时机，幼儿园教师应充分利用晨检、早操、就餐、餐前准备、喝水、盥洗、散步、户外活动、自由活动等环节，时时抓住机会对幼儿进行安全教育。例如，排队喝水时，要提醒幼儿注意避免烫伤、踩踏等安全隐患；下楼梯时发现幼儿互相追逐、打闹要及时制止，以防踩踏事故发生，并告知幼儿这样做的严重后果。

在幼儿园这一特殊环境中，所有教职工都应自觉成为安全教育员，时时关注、事事提醒，充分利用生活中一切可利用的机会，随时随地对幼儿进行安全教育，以最大限度地减少危害，确保幼儿安全。

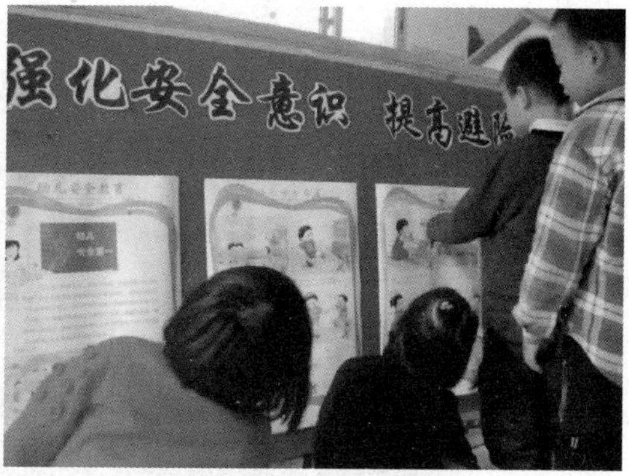

3. 家园共育教育活动

幼儿园、家庭和社会构成了对幼儿成长的全方位环境，幼儿园必须联合家庭、社会构建家园一体化安全网，才能确保幼儿的安全。

（1）家园联系栏。家园联系栏是幼儿园经常使用的互动方式，设置在班级门口，不管是家长早上送幼儿来园，还是晚上接幼儿时都可以通过家园联系栏来了解班级动向。教师可以通过家园联系栏向家长宣传各类安全知识，同时帮助家长了解幼儿园所实施的安全教育活动。

（2）微信公众平台。通过微信公众平台幼儿园可以和家长分享更多的安全育儿知识、经验，同时也可以通过微信公众平台接受家长对安全教育的一些意见或建议。

（3）家长委员会。家长委员会是由各班的家长代表组成，他们会定期来园参加家委会，向幼儿园提供家长们的意见或建议，同时幼儿园也会向家长们宣传安全管理方案、制度，以便家长更好地协助幼儿园开展安全教育活动。

（4）家长讲座。幼儿园定期邀请专业人员入园开展家长讲座，如邀请消防员来给家长们讲授消防知识，提高家长的防火意识。家长的安全意识提高了，自然会从生活的方方面面来提高幼儿的安全意识，从而达到构建家园一体化的安全网。

幼儿园安全教育方法和途径是多样化的，除了上述的方法和途径，幼儿园还可以通过安全文化节、安全夏令营、家园安全知识竞赛等方式来丰富幼儿安全教育活动的方式。

练习与思考

1. 幼儿园安全教育的方法与途径有哪些？
2. 作为小班教师，你将如何运用所学知识开展对班级幼儿的安全教育？

任务六 幼儿常见安全事故及突发事件的应急处理

任务目标

1. 了解幼儿常见安全事故的种类。
2. 掌握幼儿常见安全事故的应急处理方法。

任务重点

1. 掌握幼儿外伤事故的处理方法。
2. 掌握幼儿常见异物事故的处理方法。

任务难点

掌握幼儿园班级突发事件的预防措施。

幼儿因为自护能力低下，运动协调性不强，好奇心强、易冲动，常常在参加活动中发生安全事故。因此，幼儿教师应该充分了解幼儿活动中可能造成的各种伤害事故，在活动开展前对幼儿进行安全教育，做到事先防范。与此同时，幼儿教师必须掌握一些幼儿伤害应急处理方法，以保证幼儿在得到正规治疗前最大限度地得到保护。

子任务1　幼儿外伤事故处理

任务目标

1. 了解幼儿常见外伤事故的种类。
2. 掌握幼儿常见外伤处理方法。

任务重点

掌握幼儿常见外伤事故应急处理方法。

任务难点

掌握幼儿常见外伤处理方法。

幼儿在幼儿园活动过程中发生意外伤害等安全事故时有发生，尤其是外伤安全事故。因此，幼儿园教师必须了解幼儿园常见外伤安全事故发生的原因和种类，并掌握一定的急救方法。

幼儿园常见外伤安全事故有以下几类：扎刺、划伤、挤伤、蹭伤、碰伤、摔伤、骨折、烫伤、鼻出血、蚊虫咬伤等。

一、扎刺处理

幼儿周围的物品并非全都十分光滑，如带刺的花草、木棍、竹棍等。竹刺、木刺扎入皮肤后，有时有一部分露出皮肤，有刺痛感，应立即取出。具体处理办法：先用生理盐水清洗伤口，然后用消过毒的针或镊子顺着刺的方向把刺全部挑拔出来，不应有残留，并挤出淤血，随后再用酒精消毒伤口。如果刺难以拔除，应送医院处理。

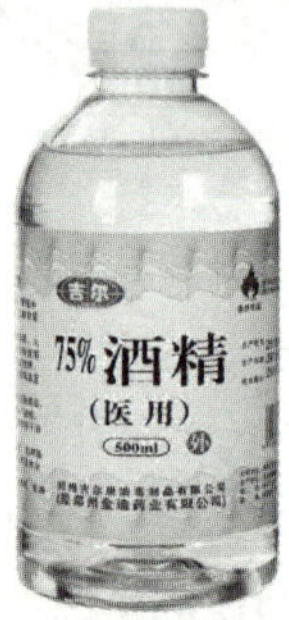

二、划伤处理

幼儿在使用剪刀、小刀等文具或触摸纸边、草叶和打碎的玻璃器具、陶器时，都可能发生手被划破的事故。具体处理办法：用干净的纱布按压伤口止血，然后在伤口周围用酒精由里向外消毒，敷上消毒纱布，用绷带包扎。如果是被玻璃器皿划伤，应先用生理盐水清理伤口，用镊子清除碎玻璃渣，消毒后进行包扎。

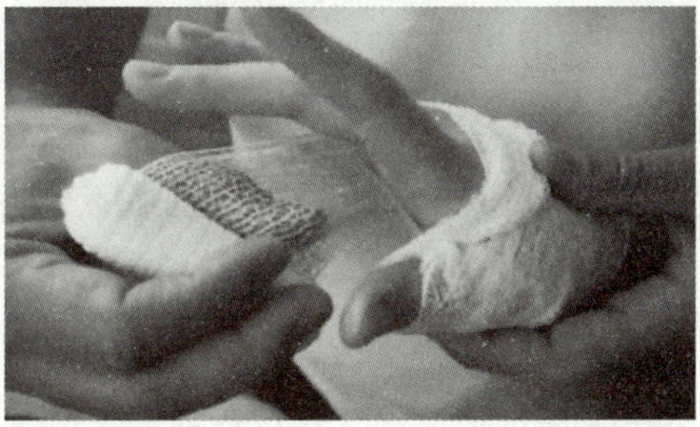

三、挤伤处理

幼儿的手指经常被门、抽屉挤伤，严重时会出现指甲脱落的现象，应及时处理。具体处理办法：若无破损，可用清水冲洗后进行冷敷，以减轻疼痛，也可将受伤的手指高举过头顶。若有出血，应消毒、包扎、冷敷。若指甲掀开或脱落，应立即送医院处理。

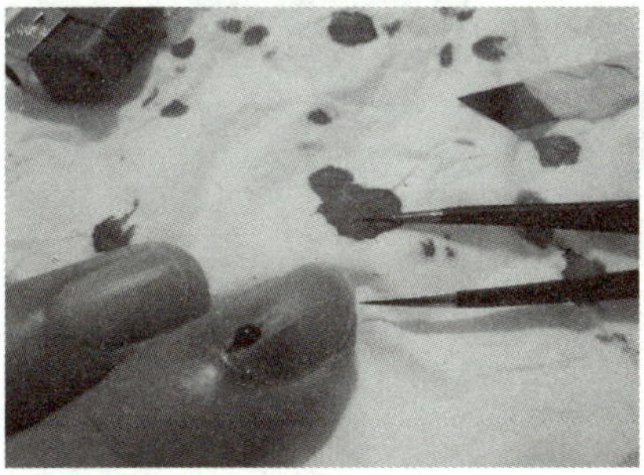

四、蹭伤处理

幼儿奔跑、跳跃时不慎跌倒，很容易蹭破膝盖、胳膊肘，在穿衣较少的夏季更为常见。具体处理办法：观察幼儿伤口的深浅，若伤口较浅，仅是蹭破表皮，只需将伤口处的泥沙清理干净；若伤口较深，有出血，应该用生理盐水清洁伤口，并用消毒水对伤口进行消毒，处理后无须包扎。若伤势较严重，需到医院进行治疗。

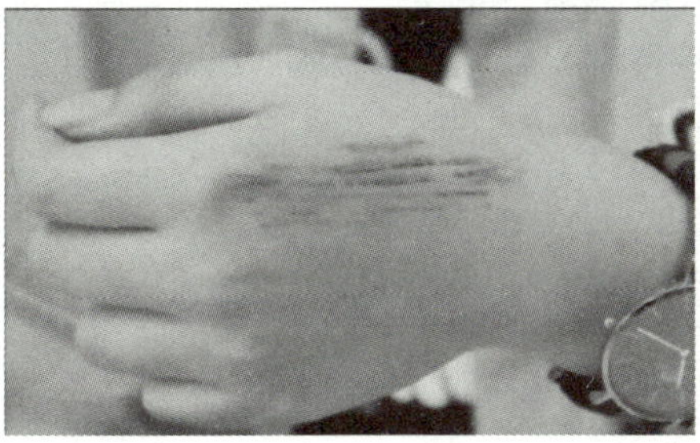

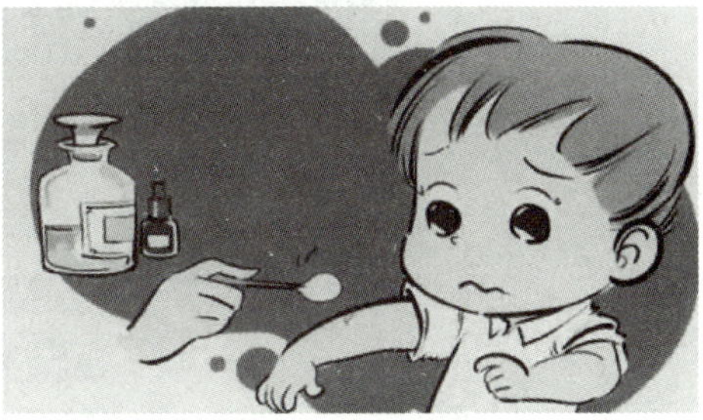

五、碰伤处理

如果伤口没有破皮，可迅速采用冷敷的方法，防止皮下出血，以达到消肿止痛的目的。具体处理办法：用毛巾包上冰块、冰棒，或蘸冷水冷敷 5 ～ 10 分钟。如果伤口破皮，应先清创并检查伤口深度，一般浅表性破皮可先用生理盐水清创，之后贴上创可贴，减少刺激感。若伤势较严重，应送往医院治疗。

六、摔伤处理

幼儿玩耍时摔伤头部的情况并不少见。具体处理办法：观察伤口是否出血，如有出血，马上用清洁的纱布轻轻按压伤口，以达到止血的目的，并及时送往医院。如未见出血，须进行 24 小时的密切观察，如果出现以下症状应及时送往医院急救：有恶心、呕吐的现象；有意识丧失的现象；头部剧烈疼痛；眼、耳、鼻周围有出血症状；有抽风、麻痹、言语障碍等症状。教师要教育幼儿摔伤头部后务必及时告知教师。

七、骨折处理

幼儿跌倒后如不能立刻爬起来，教师要了解幼儿跌倒的着地部位及当时详情，不要牵拉或强行抱起幼儿。如发现幼儿发生骨折，不能站立、行走，教师应请保健医生或寻找硬板将幼儿托起送往医院救治。

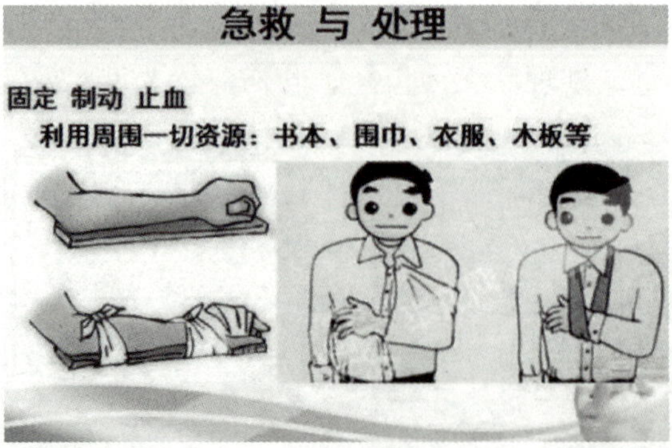

八、烫伤处理

如果发生烫伤，应迅速将幼儿带到水龙头前用冷水冲烫伤处 10 分钟左右，冷却处理后，请保健医生根据情况做出处理。如是隔着衣服烫伤，不能直接扯去衣服，应用剪刀剪开衣服，再行揭下，以防撕伤表皮。

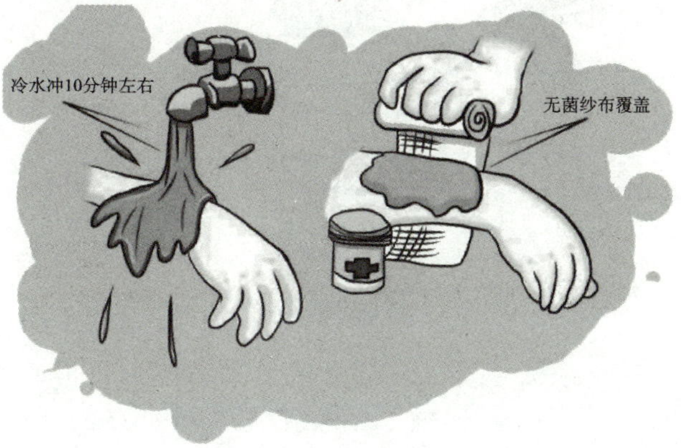

九、鼻出血处理

导致幼儿鼻出血的因素包括外部因素和内部因素。外部因素包括：气候条件差，如空气干燥、室温过高、炎热、气压低、寒冷；撞到硬物；卫生习惯不良、用手抠鼻等。内部因素包括：鼻腔黏膜干燥，毛细血管扩张；有鼻腔炎症或受到刺激；鼻黏膜糜烂；鼻中隔偏曲等。

具体处理办法：安慰幼儿，让其不要紧张；让幼儿用口呼吸，头略低；捏住鼻翼 5 ～ 10 分钟；用湿毛巾冷敷鼻部和前额；送医院诊治。

十、蚊虫咬伤处理

夏秋季节蚊虫增多，幼儿易被蚊虫叮咬，多见的有被蚊子叮咬、蜂类蜇伤、褐边缘刺蛾（俗称洋辣子）刺伤等。被蚊子叮咬后可用清凉油等涂于患处。被蜂类和洋辣子蜇伤、刺伤后，伤口处疼痛红肿，此时可先用胶布将皮肤中的刺粘出来，然后用肥皂水涂于伤处。

练习与思考

1. 幼儿园常见外伤事故有哪些？

2. 作为幼儿教师，你将如何运用所学知识与技能对班级发生的幼儿外伤事故进行处置？请举例说明。

子任务2　幼儿常见异物事故处理

任务目标

1. 了解幼儿常见异物事故的种类。
2. 掌握幼儿常见异物事故处理方法。

任务重点

掌握幼儿常见异物事故处理方法。

任务难点

掌握幼儿常见异物事故处理方法。

幼儿对来自生活中的意外伤害事故常常以哭闹的方式来表达。所以，幼儿教师对班内幼儿的突然哭闹要非常警觉，及时发现问题，及时处置，尽量避免事故对幼儿造成严重的伤害。

一、口腔异物处理

幼儿如果没有好的进餐习惯和秩序，吃饭讲话、打闹、不专心，容易使鱼刺、鸡骨等卡在咽部。发生这种情况时，教师不可让幼儿再吃口饭或喝醋等将异物强行咽下，这样会划伤食道，引起其他疾患。教师应细心了解情况，让幼儿张开嘴仔细察看，将幼儿带到保健室处理，由医生用镊子将卡在咽部的异物取出。

幼儿习惯性地将玩具往嘴里送，很容易不小心将玩具卡在喉咙里造成伤害。发生这种情况时，教师应细心了解情况，将幼儿带到保健室或医院处理。

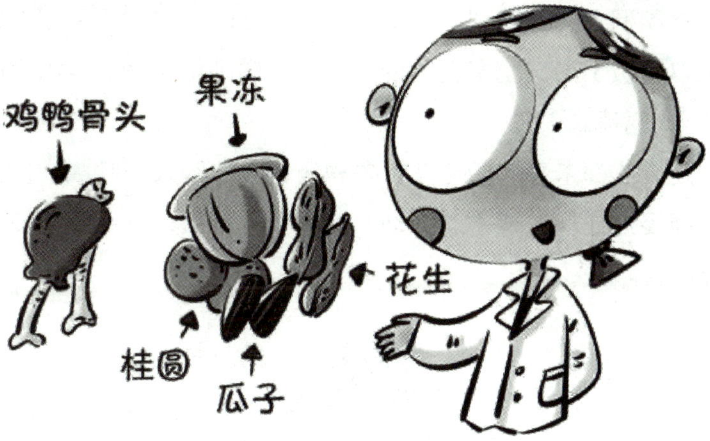

二、食物噎住处理

幼儿被食物噎住，抢救的“黄金时间”为 4 分钟。4 分钟内如无法将堵塞物取出，则幼儿窒息死亡的可能性较大。

儿科专家提醒，无论采取何种自救方法，首先要拨打 120。在等待救援的同时，要依据幼儿的清醒程度进行急救。

对于神志清醒的噎食幼儿，要使其主动用力咳嗽，通过咳嗽产生的气流，将堵塞呼吸通道的食物排出，或形成可以保持呼吸的空隙。让幼儿坐下，上身前倾，施救者在幼儿的背后两肩胛之间以手掌根部快速有力地拍击四下；或者施救者以双臂从幼儿背后合抱其腰部，双手在幼儿腹前握拳，对准幼儿上腹部，以拇指侧快速向内上方冲击四次，以把气道内或声门处的食物排出，或形成空隙而恢复呼吸。

对于神志不清的噎食幼儿，让幼儿侧卧，也可倒提幼儿双脚，然后斜抱住身体，施救者一面用一指压下幼儿的舌头，一面在幼儿的背后两肩胛之间以手掌根部快速有力地拍击四下；或者让幼儿仰卧，头后仰，施救者以一手掌根顶住幼儿上腹，快速向内上方冲击四次。

对于因进食黏稠食物如汤圆、年糕等出现噎食的幼儿，除采用上述办法进行救治外，还可采取用镊子夹出堵塞食物的办法：取侧卧位，将镊子沿咽喉的内壁伸入喉咙深处，夹出堵塞物。

对采用上述方法都未奏效的患儿，要积极进行压胸人工呼吸，即让患儿仰卧地上，救护者以跪姿握住幼儿双手，在幼儿胸部推压之后，立即将其双手举至肩膀以上，如此反复施行。

三、鼻腔异物处理

幼儿有时会将纸球、豆类等物品塞进鼻腔。教师发现后一定要及时处理，不可大意。如果异物刚刚进入鼻腔，仅停留在鼻腔口，教师可以帮助患儿压住另一侧鼻孔，让患儿合嘴后用力将异物擤出来，但不要太用力，以免伤到耳膜。如果异物擤出而且幼儿不再感到痛苦，就没有必要去医院。如果鼻腔异物擤不出或已经进入鼻腔深部，特别是圆形异物、尖锐异物，或异物过大时，切不可用镊子去夹，应立即送医院处理。

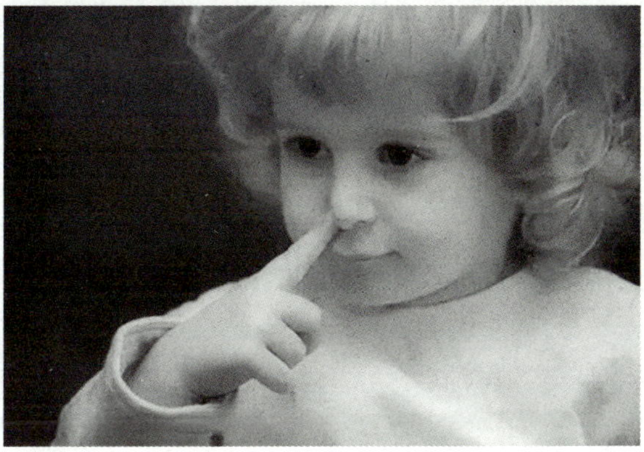

四、眼内异物处理

幼儿眼内异物最为多见的是沙粒、小飞虫等。异物入眼后，有的会粘在睑结膜的表面进入睑结膜囊内，也有的嵌在角膜上。对于不同的情况，应采用不同的方法。

教师清洁双手后，方可为幼儿处理。处理时让幼儿轻轻闭上眼睛，教育幼儿不可揉挤眼睛，以免损伤角膜。如沙粒粘在睑结膜表面，可用棉签轻轻拭去。若嵌入眼睑结膜囊内，则需要翻开眼皮将其拭去。翻开眼皮时，让幼儿向下看，用拇指和食指捏住眼皮，轻轻向上翻即可。若运用以上方法不能取出异物，幼儿仍感到极度不适，应立即送往医院治疗。

平时应注意培养幼儿养成爱护眼睛的习惯，不用脏手揉眼，尤其是眼睛里进异物时不能用手揉眼睛；玩耍时不互相扔沙子；感到眼睛不舒服时，应立即告诉教师。

练习与思考

1. 幼儿常见异物事故有哪些？
2. 作为教师应如何处置班级内幼儿发生的异物事故？请举例说明。

子任务3 幼儿惊厥事故处理

任务目标

1. 了解幼儿发生惊厥的原因。
2. 掌握幼儿惊厥事故处理方法。

任务重点

掌握幼儿惊厥事故处理方法。

任务难点

掌握幼儿惊厥事故处理方法。

惊厥，或称抽风，是由脑的病态兴奋所引起的全身肌肉抽动。多见于小儿，可引起小儿智力低下、瘫痪等后遗症。高热、脑膜炎、低钙血症是引起惊厥的最常见原因。幼儿教师应该了解惊厥症状，掌握应急处置方法。

惊厥的症状表现有：

（1）眼球凝视，呼吸细弱且不规则；

（2）口唇青紫，四肢、单侧或双侧面部抽动；

（3）持续时间由 1 ～ 2 分钟到十几分钟甚至几十分钟不等。

幼儿发生惊厥的应急处理：

（1）让幼儿侧卧，便于及时排出口腔分泌物，防止异物进入气管；

（2）松开衣领、裤带，保持血液循环畅通；

（3）不要紧抱幼儿，可轻按幼儿抽动的上下肢，避免幼儿磕碰受伤；

（4）将毛巾或手绢拧成麻花状放于幼儿上下牙之间，以免幼儿咬伤舌头；

（5）如果幼儿牙关紧闭，无法塞入毛巾，不可硬撬；

（6）随时擦去幼儿分泌的痰涕；

（7）针刺或重压人中穴，即唇沟的上 1/3 处。

教师需注意，在急救处理的同时，应做好去医院的准备工作。当幼儿发烧时，切忌包裹过严过厚，否则会使其体温持续上升，导致惊厥。

练习与思考

1. 幼儿惊厥发生的原因有哪些？有哪些表现？

2. 幼儿惊厥应如何处理？

子任务4　幼儿中暑与冻伤事故处理

任务目标

1. 了解幼儿中暑的表现及处理方法。
2. 了解幼儿冻伤的表现及处理方法。

任务重点

1. 掌握幼儿中暑的处理方法。
2. 掌握幼儿冻伤的处理方法。

任务难点

1. 掌握幼儿中暑的处理方法。
2. 掌握幼儿冻伤的处理方法。

一、中暑

中暑，一般发生在炎热的夏天，在其他季节如果穿衣太厚或者空气不流通，也容易发生中暑。教师和保育人员要密切关注幼儿的身体状况，当发现幼儿浑身发烫、体温升高，并伴有烦躁不安、头痛恶心、心慌无力，甚至突然昏倒、四肢抽动时，便是中暑。教师应该了解中暑症状，掌握应急处理方法。

幼儿中暑的处理办法：

（1）将幼儿移至阴凉、通风处；

（2）解开其衣扣，让其躺下休息；

（3）用凉毛巾冷敷幼儿头部，用扇子扇风，为其散热解暑；

（4）服用十滴水、人丹等降暑药物。

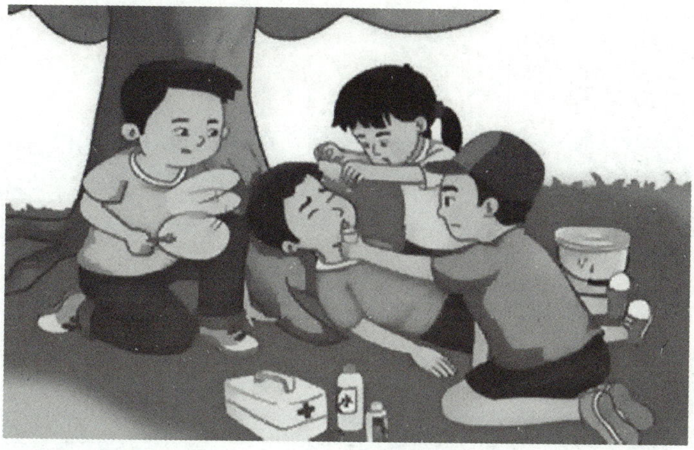

教师应注意：在夏季，幼儿户外活动时间应避开10:30—14:30，因为此时的阳光正处于最灼热的阶段。天气炎热时，应让幼儿在阴凉处游戏，避免阳光直接照射，并应提醒幼儿多喝水。

二、冻伤

冻伤，是指由于冬天过于寒冷，或在室外时间过长，低温侵袭人体后发生的局部或全身性损伤，常发生在暴露部位和四肢远端，如面部、手、足、耳郭等。冻伤部位会出现红肿、痛、痒等症状。幼儿教师应该了解冻伤症状，掌握应急处理方法。

教师可将冻疮药膏涂于幼儿冻伤部位，或用药洗泡冻伤部位。

冻伤易复发，不易根治，教师应建议家长不要给幼儿穿过紧的鞋子，教育幼儿洗手后将手擦干，对脚爱出汗的幼儿应为其及时换掉湿的鞋垫或袜子。

练习与思考

1. 幼儿中暑有哪些表现？应如何处理？
2. 幼儿容易冻伤的部位有哪些？应如何处理？

子任务5　幼儿园班级突发事件的处理

任务目标

掌握幼儿园班级突发事件的预防措施。

任务重点

掌握幼儿班园级突发事件的预防措施。

任务难点

能够制定幼儿班园级突发事件的应急预案。

幼儿园班级突发事件，是指幼儿园班级管理中由于各种因素所导致的幼儿人身伤害的事件。其典型特征是事件发生具有很大的不可预知性、突发性、偶发性。《纲要》指出："幼儿园必须把保护幼儿的生命和促进幼儿的健康放在工作的首位。"幼儿时期是突发事件发生较频繁的阶段，幼儿在园期间的各个学习和活动环节中，如稍不留意，随时都有可能发生伤害。因此，幼儿园班级突发事件的处理是非常重要的。

幼儿园班级突发事件具有不确定性，幼儿教师在组织活动时就应该结合工作经验，事先把可能发生的各种安全事件的应急处理办法设定好。如果事件一旦不可避免地发生了，能够在第一时间做出应急处理，尽量避免次生伤害事件的发生。如：运动中的摔倒、擦伤，如得不到及时处理很可能会导致伤口感染；烫伤如得不到及时处理，很可能进一步导致伤口面积扩大；幼儿"走失"如不能及时发现并组织寻找，很可能会造成幼儿真的走失或受到意外伤害。

一、幼儿园班级突发事件的预防

应对幼儿班级突发事件，重在做好两方面的工作：一是事前的预防，二是事后的应急处理。但首要的还是要尽全力做好事前的预防工作，以达到防患于未然的目的。实践也表明，只有事前预防工作做得好、做得扎实，才可以有效避免和减少突发事件的发生。

1. 宣传教育

幼儿园要做好突发事件的预防工作，必须做好宣传，教育教职工认清安全的重要性，引起教职工思想上的高度重视，确保时刻警钟长鸣。

幼儿园要增强教师树立预防突发事件的意识，在组织幼儿参与任何活动前都要习惯性地建立突发事件应急预案，养成预防为先的习惯，培养应对突发事件的良好心理素质。同时，幼儿园也要通过教师对幼儿和家长实施预防突发事件的教育，让幼儿和家长充分认识到预防突发事件的重要性。即明知有危险的地方不去，明知有危险的事情不做；明知可能有潜在危险的地方，如果必须去，一定要事先做好各种应急准备；明知可能有潜在危险的事情，如果必须做，一定要做好充分的应急准备。只有这样，才可能将风险降到最低。

2. 制定应急预案

做好突发事件的预防工作，不仅要做好宣传教育，还必须事先制定应急处理预案，包括防火预案、防毒预案、防传染病预案、防地震预案等突发事件应急预案。

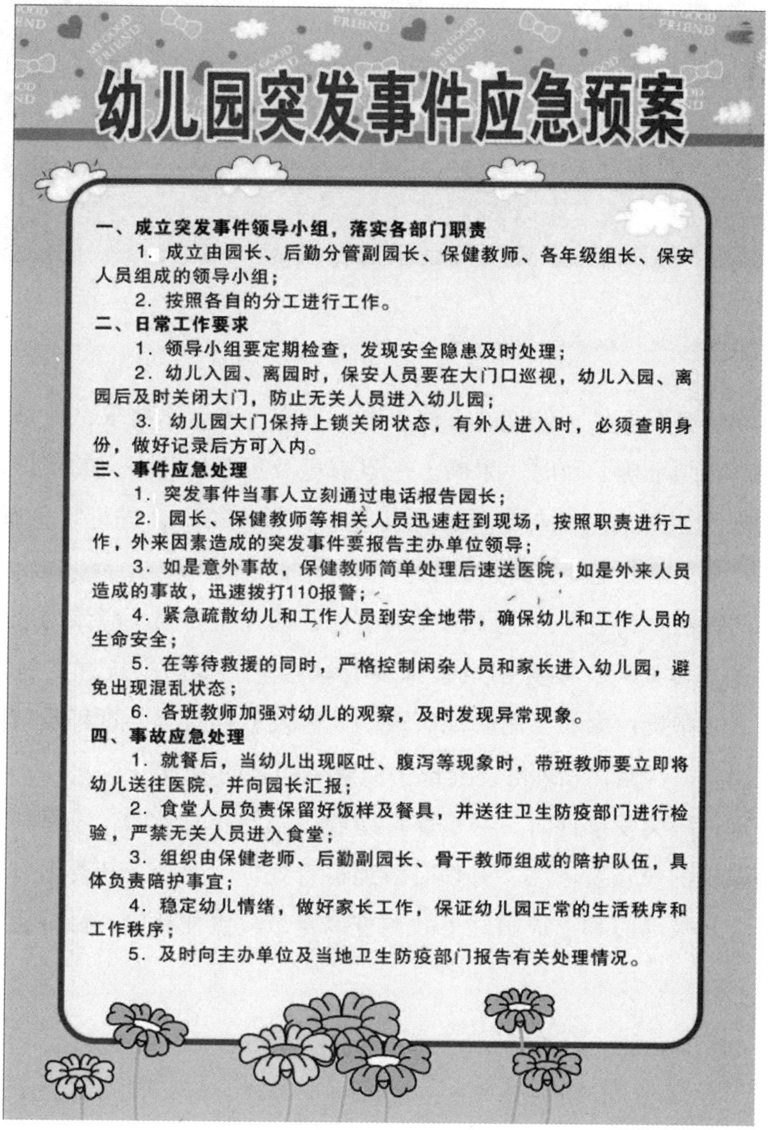

3. 逃生训练演习

幼儿园要有计划地开展火灾、煤气泄漏、地震、水灾等灾害的逃生训练演习，最大可能地做到当这些灾害来临的时候，能够迅速且有序地将幼儿疏散到安全地带。

二、幼儿园班级突发事件的处理

对于不同的突发事件，处理的方法不同，但有一点基本要求，就是遇到突发事件后，处理都必须准确、及时、果断。一旦有危及班级幼儿安全的事件发生，就要按照预案要求和当时的情况与条件，抓住重点，救人第一，进行紧急有序的处理，确保安全和效率，争取把损失降至最低。

对于那些无法预料且又发生了的突发事件，幼儿园和家长应该采取的正确态度是：以理性的态度对待，幼儿园及教师要有诚恳的态度向家长真实地说明事件过程，不推责、不揽责；家长要耐心地听取幼儿园及教师对事件过程及事件真相的说明，少些埋怨，多些宽容和理解，养成协商解决问题的习惯。

教师处理班级突发事件时，一是保持冷静；二是及时救助；三是科学施救；四是面对无理取闹的家长要依法、有理有节地进行处理。此外，还要做好事件后的安抚工作，配合有关部门和上级做好事故调查以及事故责任认定，做好善后、赔偿等相关的工作。

练习与思考

1. 如何做好幼儿园班级突发事件的预防工作？
2. 如何制定幼儿园班级突发事件的应急预案？

任务七　幼儿园安全事故的原因与对策

任务目标

了解幼儿园安全事故的原因。

任务重点

学会分析幼儿园安全事故发生的原因。

任务难点

掌握预防和解决各类幼儿园安全事故的对策。

幼儿是一个身心尚未成熟、需要特殊保护和照料的群体。然而近几年来，幼儿园里危及幼儿稚嫩生命和健康的安全事故时有发生。从近年发生在幼儿园内的幼儿安全事故看，可概括为以下七种：一是外来侵害造成的事故；二是幼儿自身原因造成的事故；三是教职工恶意或过失行为造成的事故；四是火灾、中毒、烫伤等造成的事故；五是园内设施不良造成的事故；六是家长原因造成的事故；七是幼儿园组织外出活动造成的事故。

分析上面七个原因，我们看到有些伤害是完全可以避免的。所以，对事故发生原因的分析，有助于有针对性地提出预防对策。

一、外来侵害造成的事故

目前，有的幼儿园在接送孩子环节存在不少隐患：有的是门卫管理不严，外来人员趁家长接孩子时混进幼儿园内；有的幼儿园只认接送卡不认人，外来人员拿着捡到或偷来的接送卡将孩子冒领；有的别有用心的亲戚或熟人骗领孩子，教师易放松警惕。

对策：首先，幼儿园要实行接送卡制度，必须由固定接送人持卡接送，卡上只标明班级代码和幼儿编号，不出现幼儿姓名和照片，以防被对照冒领。

其次，对于非固定接送者来接孩子，无论是否有卡，都必须与原固定接送者取得联系（如打电话），得到许可后方能让其接走。

最后，门卫应是 50 岁以下强健男性，经过安全保卫技能培训，并严格执行门卫制度。家长接送孩子时必须站在门口把关，对于无接送卡的人拒绝其进园。必要时还可配备一些防卫的器械，如电警棍、木棍等。

二、幼儿自身原因造成的事故

一是由幼儿自身疾病（如癫痫、心肌炎等）引起的事故。在教师不知情的情况下，没有采取积极的预防措施和针对性的救治。二是幼儿走失。多数情况是幼儿初入园时情绪焦虑，为逃避集体生活，趁人不备独自出走回家，途中迷失；或是自感在幼儿园受了挫折而独自出走等。三是幼儿在游戏时受伤，如不小心绊倒、相互碰撞等。这种意外的伤害，即便教师在现场也是较难避免的。四是幼儿相互打闹而受伤。多数是由于幼儿争抢玩具等而发生矛盾冲突，教师未及时制止而造成的。

1. 幼儿自身疾病引发事故的预防

首先，幼儿园可在幼儿入园前与家长签订协议，家长如果隐瞒幼儿曾患有哮喘、癫痫、心肌炎、过敏等较严重的疾病，一旦幼儿旧病复发，因不能及时获得针对性的救治而产生不良后果，责任应由家长承担。其次，教师对身体状况较差的幼儿随时注意观察，给予适当的照顾。最后，幼儿园应组织教师进行应急抢救技能培训，一旦幼儿病情发作，教师能在第一时间恰当地抢救处理。

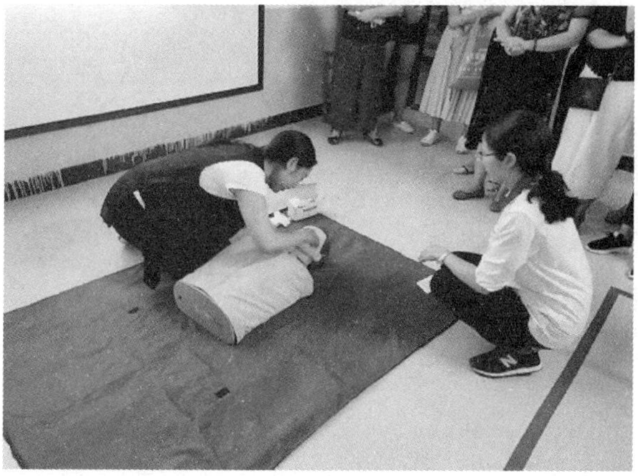

2. 幼儿走失引发伤害的预防

针对幼儿初入园时易出走的问题，教师在幼儿入园前应通过上门家访、组织亲子活动等详细了解幼儿各方面情况，尽量多与幼儿相处，让幼儿消除对教师的陌生感和不信任感；在开学后的一个月左右时间内，教师要坚持清点幼儿人数，认真做好交接班工作；门卫要提高警惕，防止幼儿外溜；针对幼儿受挫后易出走的问题，教师对易走极端的幼儿要注意及时安抚、疏导，抑制其出走的苗头。

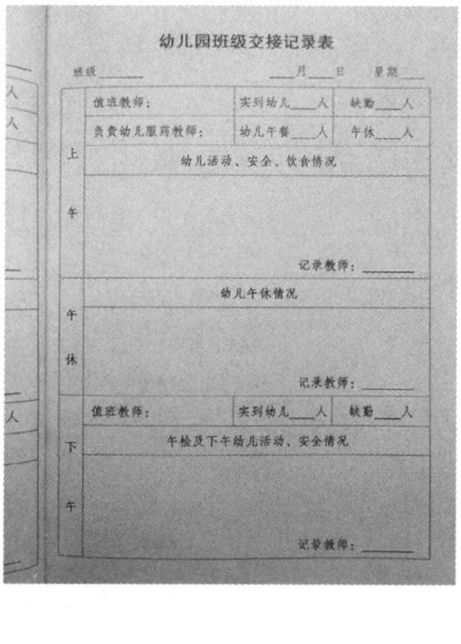
幼儿园班级交接记录表

班级______　　____月____日　星期____

上午	值班教师：	实到幼儿____人	缺勤____人
	负责幼儿服药教师：	幼儿午餐____人	午休____人
	幼儿活动、安全、饮食情况		
	记录教师：______		
午休	幼儿午休情况		
	记录教师：______		
下午	值班教师：	实到幼儿____人	缺勤____人
	午检及下午幼儿活动、安全情况		
	记录教师：______		

3. 幼儿游戏时引发伤害的预防

首先，教师应对将要做的游戏有充分的估计，如游戏跑动较多、活动量较大，就应选择较宽敞的场地，且最好铺有软地垫。其次，游戏前可和幼儿一起说说该游戏的危险之处，让幼儿有意识地控制、保护自己。

4. 幼儿打闹时引发伤害的预防

首先，教师应采用故事表演等幼儿喜闻乐见的形式，教育幼儿要谦让和宽容，懂得分享是快乐的，要遵守规则，减少矛盾冲突。其次，教师要善于观察，幼儿间发生打闹时应及时介入，帮助幼儿化解矛盾，将打闹伤害事故消灭在萌芽状态。

三、教职工恶意或过失行为造成的事故

个别教职工或缺乏师德，或思想动机不纯，或患有精神疾病难以自控，会因恶意或过失行为伤及无辜的幼儿。

首先，幼儿园招工时必须对应聘者进行全面调查，包括家庭状况、社会关系、工作经历、身体状况等，以保证所招教职工身心健康。其次，加强师德学习，培养教职工热爱幼儿、热爱幼教事业的情感。最后，园领导要关心教职工的生活，经常沟通，了解他们的思想动态，帮助他们解决实际困难。

四、火灾、中毒、烫伤等造成的事故

幼儿使用的桌椅、教玩具、被褥等都是易燃品，有的幼儿园内装修用的建筑材料是易燃可燃物，厨房、烧水间等与幼儿活动场所相连，饮水机等电器工作时间过长等，这些都是引发火灾、造成幼儿中毒和烫伤的安全隐患。

首先，签订消防责任书。明确每个岗位消防安全责任，增强全体教职工的责任心，严格执行有关消防安全制度。

其次，保证装修材料合格。幼儿园内装修要符合《建筑内部装修设计防火规范》（GB50222-2017）的有关规定，采用不燃或难燃材料。

再次，专人管理火源和电源。厨房、烧水间应当严格按专业管理部门要求建造。由正式电工管理电器线路，定期检查。

最后，加强消防安全教育。一是加强对幼儿的消防安全教育，利用生动活泼的形式对幼儿进行防火知识教育，教会其基本的自救逃生知识，经常组织消防疏散演习。二是加强对教职工的消防安全教育，组织消防安全培训，达到人人会使用灭火器材、会扑救初起火灾、会组织幼儿疏散逃生。

五、园内设施不良造成的事故

有的幼儿园设备（如滑梯、攀登架等）陈旧、老化，年久失修，存在安全隐患，教师又未尽注意义务，未能及时发现存在的问题，容易发生事故；幼儿园校舍中楼房占大多数，楼道、走廊、楼梯等也是事故易发地；午睡室高低床使用不当，教室里的桌椅、柜子边角尖锐，设计不合理，室内摆设拥挤等，对幼儿都有潜在的危险。

《幼儿园管理条例》明确规定：严禁在幼儿园内设置威胁幼儿安全的危险建筑物和设施。

1. 对设备陈旧的安全隐患防范

建立设备器械检查制度，设置专人定期检查，做好检查记录。定期请专业人员检修、保养，对于陈旧、老化的器械要坚决更换。

2. 对事故易发地的安全隐患防范

为了增强幼儿的安全意识，教师可以组织幼儿找找不安全的地方，并共同设置警示标志，如：在楼梯上画“小脚丫”以示按秩序走；教育幼儿在楼道内不奔跑、拥挤、攀爬。

3. 对室内环境设置的安全隐患防范

幼儿园室内环境设置要做到“软”和“圆”，如桌、椅、柜的边角应是弧形的，墙壁和柱子做上软包，避免幼儿磕碰受伤。

4. 对高低床的安全隐患防范

寄宿制幼儿园应配备儿童单人床，日托幼儿园如果因需要而使用高低床，除了要对幼儿进行安全教育以外，还要采取必要的防护措施，如幼儿睡下和起床时增加教职工予以照顾等。

六、家长原因造成的事故

家长原因造成的事故大部分是接送制度执行不力，致使接送孩子失误，酿成事故。

幼儿园要建立完善的幼儿接送制度，幼儿园与家长要签订关于接送方面的协议，包括幼儿接送的固定地点、固定接送人（无民事行为能力人不能作为接送人）、接送时间、交接方式等。

七、幼儿园组织外出活动造成的事故

幼儿园组织幼儿集体外出活动，幼儿到了新的场所，接触的环境、人和活动内容都是新鲜的，情绪容易兴奋。如果组织不够严密，管理人员配备不足，教师思想上麻痹大意，就很可能发生安全事故。

首先，幼儿园必须考虑园外活动是否符合幼儿安全的要求，严禁参加可能危及幼儿人身安全的劳动、体育运动、商业宣传等活动。其次，幼儿园一定要事先做实地考察，并与合作单位取得联系，互相沟通活动方案，进行细节推敲，采取必要的安全措施，制定外出活动意外事故预案，按相关规定租乘交通工具，将职责分解落实到每位管理人员，履行相应的安全保护职责。最后，活动前和活动中应向幼儿进行安全教育，增强幼儿的安全意识和自我保护技能，如遵守交通规则、不单独行动、不触摸危险设施、不吃陌生人给的食品等。

幼儿园安全事故发生的原因是各种各样、错综复杂的，其预防对策也应因事而异、因时而异、因人而异。幼儿园所有工作人员必须树立安全第一的意识，以对幼儿绝对负责的态度，时刻绷紧安全工作这根“弦”，无论是教育教学工作还是管理工作，都不能留下安全隐患。

练习与思考

1. 幼儿园安全事故的成因有哪些？
2. 作为幼儿园小班教师，如果你班幼儿发生“走失”，你将如何处理？

项目五　幼儿园小班管理

任务一　小班幼儿身心发展特点

任务目标

1. 了解小班幼儿的身心发展特点。
2. 掌握小班幼儿认识事物的方式。

任务重点

1. 了解小班幼儿认识过程中的无意性特点。
2. 掌握小班幼儿模仿行为的“无理性”特点。

任务难点

会根据幼儿身心发展特点组织小班幼儿教育工作。

小班幼儿一般是指 3 ～ 4 周岁的幼儿，能够行走自如，较为广泛地操纵物体，进行初步的言语交际，并且能从事一些简单的游戏活动。小班幼儿有哪些发展特点呢？

一、生活范围扩大

3 岁以后，幼儿的生活发生了重大变化，他开始上幼儿园了。这种变化意味着：他从只和亲人接触的小范围，扩大到接触更多的成人，和许多同龄人生活在一起。那些没有进入幼儿园的儿童，也开始在各种场合和更多的人接近。

1. 生理的发展

3 ～ 4 岁是儿童成长期的早期阶段。此年龄段的幼儿在身高、体重等方面的生长速度相比 0 ～ 2 岁时有所减缓，身高每年可增长 8 ～ 10 厘米。此年龄段的幼儿脑部结构已经基本成熟，表现为睡眠时间有所减少，脑的机能也已经发展起来，身体的组织结构和器官的功能都有所增强。神经系统的发展使幼儿可以连续活动 5 ～ 6 个小时，日间只需要一次睡眠。身体和手的基本动作已经比较自如。由于骨骼肌肉系统的发展，大脑控制调节能力的增强，能够掌握各种粗动作和一些精细动作。

2. 心理的发展

3 ～ 4 岁的幼儿开始由出生后单纯的生理需要，逐步发展为有了与他人交往和身体活动欲求。在一些场合下此年龄段的幼儿时常会产生与大人不合作的行为，比如用沉默、退缩或身体的抗拒来拒绝成人的要求。他们开始从被看护的对象逐步发展为具有一定独立活动欲望和要求的个体。

他们对周围生活充满了好奇心和模仿欲。他们的注意力以无意注意为主，凡是生动、活泼的事物都容易引起他们的注意，但周围一旦出现什么新异刺激，就会马上发生注意对象的转移，他们的注意水平很低，一般只能维持 3 ～ 5 分钟，记忆也是以无意记忆和机械记忆为主。此年龄段的幼儿很喜欢想象，喜欢模仿熟悉事物的声音、动作、形象和活动。

3. 语言的形成和发展

语言的形成和发展使幼儿基本上能够向别人表达自己的思想和要求，不需要成人过多地猜测。

以上几个方面的发展使 3 ～ 4 岁的幼儿具备了离开亲人去参加幼儿园集体生活的能力。幼儿逐渐学会最初步的生活自理，在正确培养下，能够自己进餐，自己控制大小便，以及在成人帮助下自己穿衣，逐渐习惯于自发地和小朋友共同游戏。

幼儿生活范围的扩大，引起了心理发展上的各种变化，使他的认识能力、生活能力、人际交往能力都迅速发展。

二、认识依靠行动

1. 认识活动依靠动作和行动进行

3 ～ 4 岁的幼儿思维的特点是先做再想，而不会想好了再做。比如让幼儿把几个图形拼成图画，他拿到图形后就会立刻行动，如果让他想一想再动手拼，他做不到。往往是无意中拼出了某种形状，他才有所发现地说出，如“小孩骑马”。再如，画图画之前，他即使说了“画小人”，在画画过程中也会发生变化，画完之后，他惊讶地说：“大气球！”

3 ～ 4 岁的幼儿在听别人讲述或自己讲述时，也往往离不开具体动作。比如幼儿听故事时，听到“大象用鼻子把大灰狼卷起来了”，就用手在自己鼻子前面做“卷”的动作；吃饭时给家人讲述幼儿园里的事情，经常把碗筷放下，站起来比画。

2. 注意和行动紧密相连

3 ～ 4 岁幼儿注意看图书中某个人物时，常常用手去指点。幼儿认识活动对行动的直接依赖性，说明他的认识活动非常具体。幼儿只能理解具体的事情，不会做复杂的综合分析，只能做直接推理，不会进行逻辑推理。对幼儿说反话，往往会引起不良效果。比如，刚上幼儿园的幼儿哭着要找妈妈，教师说：“你再哭就不带你去找妈妈了。”他会哭得更厉害，因为他只听见：“不带你去找妈妈了。”如果直接告诉他：“你不哭，我就带你去找妈妈。”幼儿听了就会放心，这时再接着引导，幼儿就会渐渐不哭了。

三、认识和行动的无意性特点显明

幼儿的心理活动和行为更多是无意性的，在 3 ～ 4 岁时这种特点更为突出。比如，这个时期的幼儿常常为一件微不足道的小事而哭起来，对他们讲道理往往收效不大；而用有趣的事情吸引他，则可以很快地使他忘却之前的不快。等他完全冷静下来以后，才能对他讲道理。

3～4岁幼儿对成人的依恋仍然强烈，他在家依恋父母，到幼儿园后也总是以一个成人为依恋对象，他不会做更多的分析。

3～4岁幼儿各种认识过程中的无意性都占压倒优势，主要受外界事物和自己的情绪所支配，而不是受理智支配。比如，在注意方面，3～4岁幼儿容易被一些色彩鲜明和形象生动的物体所吸引，而不会去注意一些他所不感兴趣的事情。在记忆方面也是如此，3～4岁幼儿常常无意中记住一些事物，而被迫去记忆时反而记不住。3～4岁幼儿也不能进行有意的想象和创造，做事情时往往不能自己提出明确目的，根据成人的要求去行动时往往不能有始有终，中途遇到吸引他的事情，就放弃了原来的活动。常常有这样的事情：幼儿在吃面包，忽然发现自己把面包咬成了一条船，就高兴地喊："小船，看我的小船！"然后到处找人看他的"小船"，把吃饭的事情忘记了。

四、爱模仿

1. 模仿是其主要的学习方式

模仿是3～4岁幼儿的主要学习方式，他们往往通过模仿掌握别人的经验。幼儿常常不自觉地模仿父母和老师，如模仿亲近的成人说话的声调、姿势、常用词语等。如果成人看见饭菜里有胡萝卜时皱起眉头，幼儿也会不想吃胡萝卜。如果老师表扬某个幼儿，其他幼儿会立即向他投以羡慕的眼光。如果老师称赞某个幼儿坐得直，其他幼儿也会立即直起腰来。3～4岁幼儿还没有出现嫉妒心理，或对被表扬者加以挑剔。在这个年龄，良好的行为习惯常常是通过模仿而习得和巩固的。同时，成人所没有觉察到的一些行为小节，也可能被幼儿模仿而形成他的习惯。

2. 模仿具有"无理性"特点

3～4岁幼儿的模仿具有"无理性"特点，主要表现为：一是这个年龄段的幼儿的动作和认识能力虽比以前有所提高，模仿的内容和对象也较之前多了些，但幼儿的模仿基本是别人干什么自己就干什么；二是由于此年龄段的幼儿的认识水平和认识能力依然停留在浅表层面，所以他们的模仿也是停留在对事物和行为的表面的模仿。也就是说，3～4岁的幼儿看见别的小朋友在做什么，自己也要去做；看见别人有什么，自己也想要。比如，看见别人在玩球，就想玩球；看见别人戴帽子，也要戴帽子。3～4岁幼儿在游戏中喜欢和别人担任同样的角色。比如玩扮演开汽车，大家都要当司机。一辆车上有好几个司机，甚至没有乘客，他们并不在乎，反而玩得很高兴。因此，在幼儿园小班，同样的玩具要有足够的数量。

总之，3～4岁幼儿的生理、心理较婴儿期有了很大的发展。但是，相对于中班和大班幼儿而言，小班幼儿在身心的很多方面还有待于进一步发展。鉴于小班幼儿的身心发展特点，幼儿教师在教育教学和管理中要注意因势利导，帮助幼儿在这个年龄段养成关乎人生成长的良好行为习惯。

练习与思考

1. 3～4岁幼儿的身心发展特点有哪些？
2. 你认为教师应该如何根据3～4岁幼儿认识事物的方式来指导幼儿学习？

任务二　幼儿入园不适应表现及对策

任务目标

1. 了解幼儿入园的意义。
2. 了解幼儿入园常见不适应现象及成因。

任务重点

掌握幼儿入园引导方法。

任务难点

掌握幼儿入园不适应的处理方法。

一、幼儿入园的意义

3 岁的幼儿会跑会跳，已能自由行动，也能使用语言表达自己的意见、愿望、情感，并和人交谈。他们无论在生理上还是心理上都具备了参加集体生活、进行各种活动的条件。3 岁是幼儿进入幼儿园的最佳年龄，父母应及时送幼儿进幼儿园，让幼儿过集体生活，接受初步的全面发展教育。幼儿园教育与家庭教育是不同的，具体如表 5-1 所示。

表 5–1　幼儿园教育与家庭教育的对比

对比内容	幼儿园教育	家庭教育
生活环境	与老师、小朋友一起过集体生活——逐步懂得规范、学会服从	与家人过家庭生活——自由、放任，不知何为集体规范、何为服从他人
教育生态	有计划、有目的、有组织的作为——懂得道理越来越多、学会的知识和技能越来越多	无计划、无目的任意作为——喜欢做什么就做什么，缺乏“紧持做事”的锻炼，学会并掌握的知识和技能非常有限
游戏生态	在老师指导下和小朋友共同完成——逐步懂得游戏中角色的多样性，学会互相帮助、相互合作	在父母等亲人指导下和成年人完成——游戏活动中角色处于“被动”，缺少与同龄人交流、协商、相互帮助、相互合作的机会
活动内容	较为丰富——逐步懂得很多道理、知晓很多知识、掌握很多技能，获得间接经验学习的机会也多	较为单一——学习对象单一、学习内容单一、学习技能单一，获得间接经验的对象也单一
幼儿地位	多层面的人际交往体验——逐步形成自我意识和自我概念，学会尊重老师，学会和小朋友平等相处，甚至学会独立思考，学会独立判断是非，学会独立完成任务，进而形成儿童的责任感、荣誉感和集体意识	“唯我独尊”的家庭中心——以自我为中心，缺乏独立探索和独立自由的活动空间，缺乏独立完成任务或解决问题的意识与能力

续表

对比内容	幼儿园教育	家庭教育
人际交往需求	同伴关系变得越来越重要，可以与小朋友相处与交往，方便建立密切的同伴关系，有助于幼儿社会化发展	有与小朋友建立密切关系的愿望，但没有机会与小朋友相处和交往，不利于幼儿社会化发展

幼儿入园是幼儿健康成长的重要途径。但幼儿进入幼儿园时面临着多重任务，必须解决好，才能保证幼儿入园后的生活、学习、交往顺畅。

1. 幼儿主观上乐意来园

幼儿对于入园表现出较高的热情，盼望与小朋友们交往，也愿意和幼儿园里的教师、保育员来往，并喜欢使用那里的物质材料做游戏。

2. 帮助幼儿消除不安全感

幼儿入园就意味着一天将有近 8 个小时的时间与家人分离，而要和教师、保育员、小朋友们一起度过。这对从来没有离开过家庭和父母亲的幼儿来说，肯定会产生不安全感等情绪。这也是有的幼儿入园哭闹的主要原因。所以，当幼儿即将入园时，无论是父母还是幼儿园教师，都要事先帮助幼儿做好入园准备，尤其是心态方面的准备。

3. 帮助幼儿克服矛盾心理

幼儿一方面非常想和小朋友一起玩耍，渴望入园；另一方面想到入园就得离开父母，又害怕入园。面对幼儿矛盾的心理，父母和幼儿园教师都要耐心地给予疏导。让幼儿明白自己长大了，要学着和小朋友们相处，和小朋友们一起玩耍；现在需要上幼儿园，再长大几岁还要上学。不能像以前那样只和爸爸、妈妈玩，爸爸、妈妈得去工作。

幼儿离开家庭进入幼儿园，是成长过程中跨出的一大步。如果幼儿能顺利地适应幼儿园的新环境，会有利于幼儿自信心的提升，并巩固已经形成的对家庭的信任感。奥地利精神分析学家埃里克森早在 1950 年就提出，在个体发展的早期，人格发展最主要的课题是建立对世界最初的信任感。儿童的信任感最早来源于父母无微不至的关怀与照顾，进而产生最初的安全感，这会使得儿童对周围的世界产生信任和期待。所以，减少儿童入园时的紧张情绪是很重要的。弗洛伊德早期经验理论指出：成人的发展取决于他的早期经验，幼儿入园即是每个人早期经验中的关键一环。所以，尽快地帮助幼儿适应新环境，是每个教师和家长义不容辞的责任。

二、幼儿入园常见不适应现象及成因分析

1. 幼儿入园常见不适应现象

幼儿入园后会有各种各样的不适应，可归纳为以下三种：

（1）依恋亲人，情绪不稳，哭泣不止。这种情形是幼儿初入园时最突出的现象。有的幼儿一接近幼儿园就哭；有的抓住大人的手不放；有的在吃饭、睡觉时哭泣不止；有的紧紧跟住第一位接待他的教师，这位教师一离开便哭。

【案例】

“我要妈妈”

洋洋今年刚入园，对洋洋来说每天最怕的就是到幼儿园。这天早晨，妈妈带着洋洋来到幼儿园，刚把洋洋交到老师手中，洋洋就开始大哭大闹，嘴里大喊“我要妈妈！”。老师只好一边硬拉着洋洋往教室走，一边安慰洋洋“妈妈下班就来接洋洋回家了”“幼儿园里有许多小朋友等着和洋洋玩”……整整一个上午，洋洋都不愿意离开老师，老师也只好走到哪里把洋洋带到哪里。

（2）任性专横，强占霸道。有的幼儿在家中任性惯了，入园后与小朋友抢玩具；有的幼儿在集体活动中独占玩具，不让他人玩；有的幼儿在轮流游戏中要强霸道，稍不如意便会撕打别人。

【案例】

为“强占霸道”道歉

小雨是个极其霸道、攻击性极强的孩子。初入园时，他认为班里什么事情都应该由他来做主，任何玩具都是他的。所以小朋友们都不愿意和他一起玩，老师只好带他来到一组玩具前，鼓励他自己玩。可是，当他看到邻座的小女孩正在串珠子，伸手就要抢。小女孩不给，他就用手做“开枪”状并大喊：“我要开枪打死你！”小女孩被吓到了，珠子也撒到了地上。老师听到动静赶过来时，小雨还在张狂地冲着小女孩大喊大叫。老师制止了小雨的行为，在了解情况之后批评了小雨，并要求小雨向小朋友道歉。经过老师教育后，小雨跟小朋友说：“对不起！”然后把地上的珠子捡起来串好送到小女孩手中。

（3）行为散漫，生活不习惯。有不少幼儿由于在家中养成了一些不良的生活习惯，到了幼儿园自己不会吃饭，午睡要人陪，不懂得大、小便要上厕所，极不适应幼儿园的生活。

【案例】

小艳的“坐位”哪里去了？

初入园的时候，经过老师有意识的指导，几乎所有小朋友都能够记住自己的坐位，但小艳是个例外。这天早晨，老师把小朋友如数接回班里，和小朋友们说：“请小朋友们回到自己的坐位上坐好。”小朋友们马上跑到自己的坐位上坐好，唯有小艳站在教室中央，愣愣地看着老师不知所措。老师问：“小艳同学为什么不回到自己的坐位上去呀？”“老师，我找不到坐位呀？”小艳满脸茫然地回答道。

当然，大多数幼儿入园后能很快适应，上面列举的只是个别的几类现象。幼儿入园是幼儿集体生活的开端，是幼儿参加学前教育的一个起点，也是幼儿生活上的一个转折点，幼儿入园产生不适应是可能的。

2. 幼儿不适应成因分析

（1）外部原因。

1）环境变化因素。

幼儿初入幼儿园，生活环境发生了重大变化。幼儿要离开自己熟悉的家庭环境和亲人，生活的中心从家庭生活转移到幼儿园的集体生活。刚到幼儿园，幼儿对这里的一切都感到陌生，他的活动领域扩大了，有更多更新的学习任务，有更复杂的人际关系，面对更高的期望和要求，不能想做什么就做什么，要遵守集体规则，等等。这些都会使初入园的幼儿觉得处处受限制，样样受约束，很不自由，难免在生理上和心理上感到不适应，从而产生分离焦虑和陌生人焦虑，表现为想要回家、哭闹不止、逃跑、不吃饭、不午睡等。这种现象往往持续一两周甚至更长时间，导致教育教学活动无法正常进行。如何帮助幼儿跨过这个“门槛”，就成了家长和教师所面临的现实问题。

2）家庭因素。

从家庭的生活空间来看，如果家庭的生活空间较大，幼儿在家庭中能自由地从事各种活动，能充分利用家庭环境中的有利因素，则有利于幼儿的发展和成长；如果家庭空间具有开放性，如住在四合院中，与同伴有密切的联系和交往，则有利于幼儿的成长；如果家长过多地将幼儿关在家里，不让他与外界接触，则导致幼儿适应能力下降，见到陌生人、到陌生环境就哭，幼儿入园后便易产生不适应的现象。

从家庭成员的结构看，多数家庭都只有一个子女，不少家庭出现了“四二一”格局，幼儿成为家庭的核心，在一定程度上会影响幼儿在集体中的表现。

父母教育不当会造成幼儿入园后不适应问题。幼儿园有好看的书，好玩的玩具，这对幼儿来说本应当是件愉快的事，如果这种趋势得到强化，幼儿很快就会适应幼儿园生活。但许多家长并不这样做，相反常吓唬幼儿：“再不乖就送你上幼儿园。”“不听话，把你关到幼儿园的黑屋里去。”把去幼儿园当作吓唬幼儿的“法宝”。久而久之，幼儿就会对幼儿园形成一种可怕的印象，只要家长一提要将他们送去幼儿园，他们便本能地感到恐惧和紧张。

家长过分依恋幼儿也容易使幼儿哭闹。有的家长送幼儿到园后并不立即将幼儿交给接待教师，而是抱在怀中久久不放；有的家长坐在那儿陪幼儿说话、玩玩具；有的家长虽然将幼儿交给了教师，但在中途多次探望，幼儿一旦发现，便哭喊着跑出教室找爸爸、妈妈；还有的家长会时不时地到园看幼儿，致使幼儿产生新的期待而坐立不安；有的甚至请退休在家的爷爷、奶奶来幼儿园陪幼儿，影响了其他幼儿的情绪。

家长过分娇惯造成幼儿入园后不适应。不少家长片面地认为幼儿年龄还小，等他们长大了一切就会好起来的，他们不重视对幼儿良好习惯的培养，忽视早期教育，对幼儿一味娇惯、溺爱、纵容，使幼儿入园后不能适应集体生活，不受纪律约束。

3）教师因素。

幼儿入园前教师是否进行家访，是否让家长带幼儿来园、熟悉环境、产生兴趣很重要。有的教师事先对幼儿没有了解，在幼儿来园时就拉开了与幼儿的距离，如果态度再冷淡一点、恶劣一点，那么幼儿就会避之不及了。

教师既要帮助幼儿，又要帮助家长，她所起的作用是很大的。初入园时，幼儿和家长都面临着新的分离烦恼。这时如果教师能清楚地认识到入园对幼儿和家长的重要意义，帮助幼儿和家长处理好分离问题，幼儿入园一般不会有太大问题。

每个幼儿和家长来园时的心情各不相同，他们希望从教师那得到的帮助和照顾也各不相同。此外，教师本身也可能受到一些不利因素的影响。例如，许多年轻教师自己有畏惧心理，需要自我调适和控制。随着教师工作年限的增加，教师的经验会增加，她会帮助幼儿解决有关入园问题，使之得到快乐和满足。

（2）内部原因。

1）幼儿对新鲜事物的反应不同。

不同的幼儿遇到新情况，反应是不同的。有的幼儿对幼儿园的一切感到新鲜，十分愿意到幼儿园；而有的幼儿却相反，他们可能会对新事物感到没有把握或不能适应新环境，因而就处处防卫，甚至会拒绝别人接近他们，或不肯接受新事物。教师应理解幼儿的行为，认识到幼儿行为的真正含义，从而更好地去帮幼儿适应新环境。

2）幼儿的行为取决于其个性特点和已有经验。

不同的幼儿对相同的环境会做出不同的反应，同样的环境在不同的幼儿看来是不一样的。实验证明，幼儿一出生或出生后不久就对刺激有不同的反应。例如，一个幼儿对突然的响声或光线强度的变化会比另一个幼儿感到不安。陌生人、新地方和新事物对每一个幼儿都会产生不同的意义。这是因为幼儿感觉的灵敏性各不相同，灵敏性是幼儿个性差异的一个组成部分。

幼儿总是以自己过去的经验对待新情况，这些经验塑造了他们不同的适应能力。研究表明，入过托的幼儿的入园哭闹现象少于未入过托的幼儿，因为进过托儿所的幼儿已有过集体生活的经验，形成了“入托—与家人团聚—入园—与家人团聚”的循环，他们较少有不安全感和焦虑感。

3）幼儿的年龄特点决定其对事物的认识。

幼儿年龄小，生活能力差，不会自己玩耍、吃饭、穿衣等，容易产生不安全感，哭闹、独占、霸道等现象时有发生。这些现象并非是幼儿的错误，而是反映了他们正处于自我中心的心理过程。

皮亚杰指出，3 岁左右的幼儿在道德发展的过程中正处于自我中心阶段，他们能够接受外界准则，但由于跟成人尚无合作关系，他们常常按自己的想象去理解事物，外界准则对他们来说还缺乏约束力。幼儿年龄越小，越难适应幼儿园的生活，哭闹现象也越严重。

因此，只要我们了解了幼儿入园时发生现象的原因，就能够充分理解幼儿的各种表现。明白这一点，就不会对不同幼儿的不同行为感到奇怪，也就能接受不同幼儿的不同行为。

三、入园引导

为了让幼儿尽快地适应幼儿园的集体生活，幼儿园教师和家长应该团结一致，积极配合，共同努力，做好幼儿的入园引导工作，具体来说，教师应做到以下几点。

1. 入园前家访

幼儿入园以前，教师与幼儿一般应有五次接触时间：一是报名时，二是录取体检时，三是家访时，四是家长带幼儿来试上幼儿园两个小时时，五是幼儿试上幼儿园半天时。其中，家访是很重要的一环，目的在于了解幼儿的家庭、了解幼儿。

2. 召开家长会

家长把幼儿送到新的环境，心理上也不适应，会怀疑教师的教养态度及方式，担心幼儿的生活起居。幼儿园应及时召开家长会，让家长了解幼儿园，并对家长提出有关教养子女方面的具体要求。如坚持用普通话与幼儿对话，培养幼儿初步的生活自理能力及良好的习惯，放手让幼儿独立吃饭、自己大小便。给幼儿安排与幼儿园相一致的作息时间，让幼儿早睡早起，每天中午坚持午休等。在日常生活中，家长要与幼儿平等相处，不可威胁、恐吓幼儿，更不要以“不听话就送你到幼儿园”之类的话强迫幼儿服从自己，使幼儿心理上对幼儿园产生恐惧。给幼儿讲有关幼儿园的环境及有趣的事，引起幼儿对入园的向往。这样不仅缩短了家庭与幼儿园之间的距离，而且使幼儿对幼儿园有了一定的间接经验，激发幼儿入园的愿望。

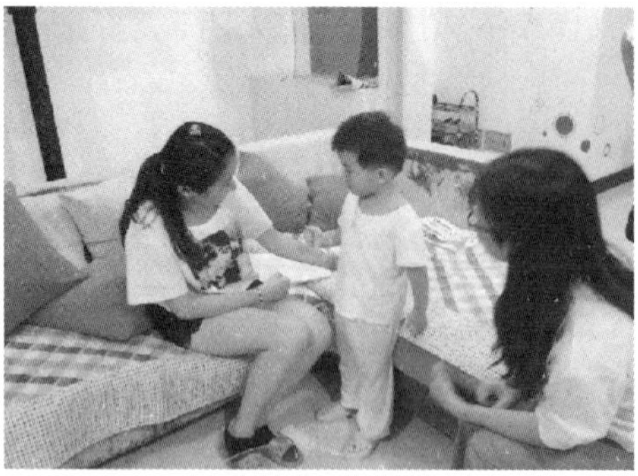

3. 邀请参观幼儿园

教师可以请家长带领幼儿入园参观、玩耍，观察幼儿园的环境及一日生活，特别注意观察幼儿如何自己吃饭、如厕、盥洗、游戏等。幼儿接触了幼儿园这个新环境，就有了一定的感性经验。幼儿园里和蔼可亲的教师、优美的环境、丰富有趣的活动，会打动他们幼小的心灵，让他们产生对幼儿园及教师的向往。

4. 安排好幼儿入园之初的活动

安排好幼儿入园之初的活动，增加幼儿对幼儿园生活的快乐体验。

首先，教师要通过观察和交往，努力与新来的幼儿建立关系。教师要用亲切的态度、温和的语言、温柔的爱抚来打动幼儿的心，引起幼儿愉快的情绪反应，尽快使幼儿把对家长的依恋转移到自己身上来。

班级里难免有自理能力特别差的幼儿，也会发生一些不会脱衣服、吃饭需要人喂，甚至尿裤子的事，教师应该主动热情地帮助这些幼儿，不要嫌弃他们，时常提醒幼儿。有的幼儿哭闹得很厉害，教师应该过去抱一抱他们，拿手绢给他们擦鼻涕、擦眼泪，哄劝一下，幼儿哭闹便会减轻。

教师的关心、体贴会使幼儿心理上感到安全，情感上得到满足，把教师当作陌生环境的保护者，从而减轻他们刚入园的分离焦虑。

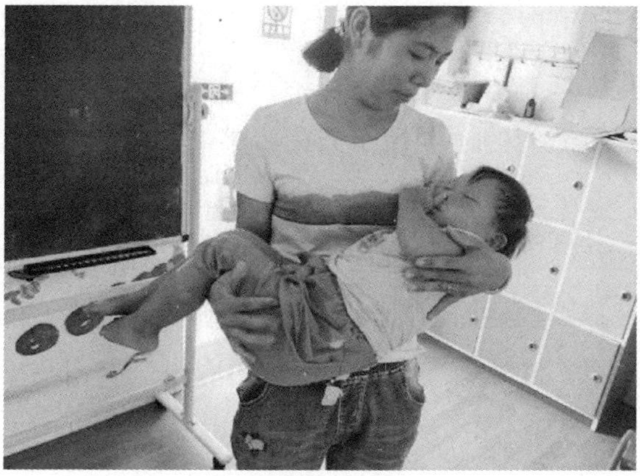 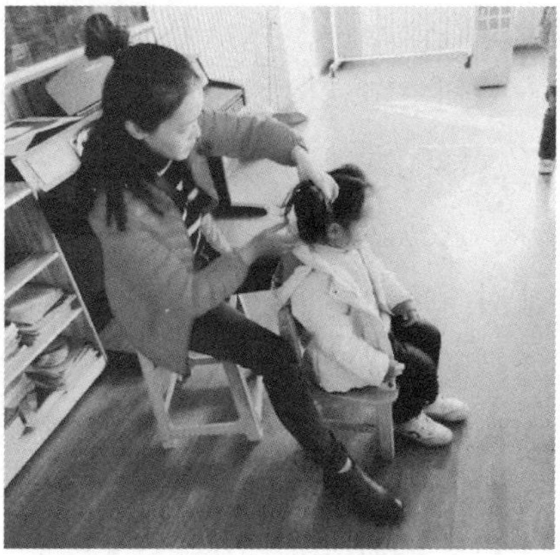

其次，要根据幼儿身心发展的特点组织有趣的活动来吸引幼儿，分散幼儿“想妈妈”“想家”的注意力。

幼儿的好奇心强，注意力的持久性差，教师要善于用有趣的游戏活动、图书、新颖的玩具来吸引幼儿。教师不要把自己的注意力完全放在哄劝个别哭闹严重的幼儿上，而忽视其他幼儿，善于用部分不哭闹的幼儿来带动哭闹严重的幼儿参加到游戏活动中来。如：组织他们玩大型玩具，滑滑梯、转转椅、吹泡泡游戏等，通过活动转移那些哭闹的幼儿注意，使其情不自禁地参加到活动中去。

以大带小也是减轻入园幼儿分离焦虑的一个有效方法。大班教师与小班教师可以一起组织以大带小活动，让大班的幼儿带领小班的幼儿玩游戏、上厕所、喝水等。这种以大带小的管理方式，不仅能够让小班幼儿很快适应幼儿园生活，也能培养大班幼儿对小朋友的爱心和耐心。

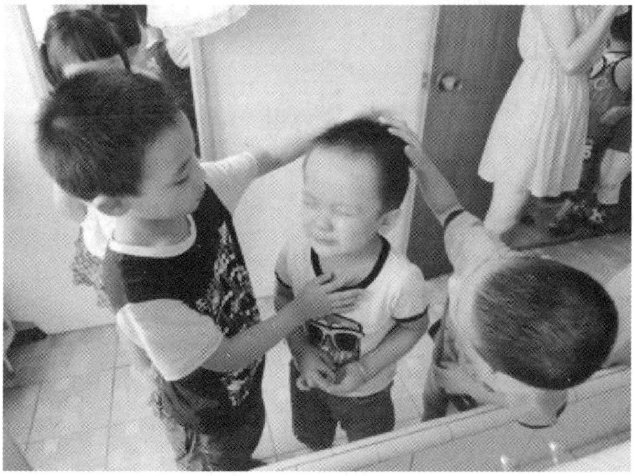

最后，根据幼儿不同情况适当调整午休时间。

幼儿初入园，一下子难以适应幼儿园的生活安排。许多幼儿不愿意午睡，期待着家长早点接，教师可以根据实际情况灵活安排幼儿午睡。有的幼儿的活动量大，或者哭闹得严重，中午已经很累了，可以安排他们睡觉。对于个别极不情愿午睡、一到午睡就哭闹的幼儿可以领他们玩一玩，等他们情绪基本稳定时再哄他们入睡。这样能减轻幼儿在园的不适感，会使他们的消极情绪向积极情绪发展，充分地信任、依恋教师。

对于部分适应能力较差的幼儿，应允许他们有一段较长时间的适应过程。例如在入园的最初阶段，允许他们先来半天，以后逐步过渡到全天，教师对他们应予以更多的照顾和关心，在生活上不应提出过多的要求，以稳定他们的情绪。

四、家长配合工作

1. 先让幼儿熟悉新环境

对幼儿来说，幼儿园是一个新奇、陌生的场所，他们想去幼儿园，又怕去幼儿园，想认识新朋友又带着恐惧。家长要在开学之前多给幼儿讲一讲幼儿园里的情况，多带幼儿到幼儿园走一走、看一看、玩一玩，熟悉一下环境。也可以请一些已经入园的小朋友到家里来，和幼儿讲讲幼儿园里的趣事，向幼儿介绍一些活动。家长也可以先把自己了解到的幼儿园有趣的活动讲给幼儿听，还可以告诉幼儿，教师会讲一些爸爸、妈妈不会讲的故事，还能教幼儿唱歌、跳舞、画画等。尽量使幼儿在入园前对幼儿园有个美好的印象，激起他想入园的愿望和兴趣。

2. 为幼儿入园做好准备

幼儿到了陌生的环境会不适应，心里也比较紧张，为减轻和消除这种紧张情绪，家长要为他们做好物质和精神上的准备。如：在幼儿入园前家长可缝制小花被、新衣服，准备小手帕，给他们带上心爱的玩具等，以使幼儿觉得新鲜愉快，增加入园的亲切感。除物质上必要的准备外，家长还应该做好幼儿入园的心理准备工作，使幼儿在入园前消除恐惧心理。比如，家长可以按入园后的生活习惯训练幼儿，主动向教师介绍幼儿的个性特点，帮助教师掌握幼儿的情况。也可以带幼儿上门拜访教师或两三个同时入园的小朋友，使幼儿入园后就有熟悉的“阿姨”和小朋友，减少陌生感。

3. 重视入园的头几天

幼儿到了一个陌生的地方，当家长离开时就会感到害怕、紧张和不安全，哭闹是难免的。这时，如果时间允许，家长可以多陪幼儿一会儿，教师也可趁此机会积极想办法把幼儿的注意力引到别的幼儿的活动中去。比如幼儿入园后吵着要回家，教师就借“回家”游戏来转移他的注意力，吸引他加入游戏中，趁其高兴时让家长悄然离去。家长在离开时不管幼儿哭得多厉害，都不能“一步三回头”，让幼儿看出你的犹豫不决，而助长幼儿哭的行为。家长离开时要干脆，以行动告诉幼儿：“爸爸、妈妈有工作要做，你需要学习，必须上幼儿园！你放学时爸爸、妈妈就来接你。”

通常幼儿和爸爸“分离”的成功率较高，因此，初入园的几天送幼儿的任务最好由爸爸来担任。接幼儿时也要准时或稍早，免得幼儿在其他幼儿都被接走后产生孤独感和焦虑感。

4. 随时了解幼儿在园里的表现，及时和教师沟通

幼儿初入园时，家长要经常和教师交换意见，发现问题，家长要和教师共同商量解决的办法，达成教育观点的一致，力求和幼儿园配合共同搞好教育。另外，家长也要经常和幼儿谈话，了解他在幼儿园的一天表现和活动情况，不断以正面教导来强化幼儿的入园意识。

练习与思考

1. 幼儿入园不适应现象的成因有哪些？

2. 教师应如何帮助幼儿化解入园不适应问题？

任务三　小班生活常规管理

任务目标

1. 了解小班生活常规管理的原则。
2. 熟悉小班生活常规管理的内容。

任务重点

熟悉小班生活常规管理的内容。

任务难点

掌握小班生活常规管理的方法。

一、小班生活常规管理的原则

小班幼儿第一次离开家庭来到幼儿园，大部分都会怯生害怕。幼儿还要适应幼儿园的生活常规要求，也是一件不容易的事。面对刚入园的幼儿，保教人员要充分体谅幼儿在这方面的困难，在进行生活常规管理时，要深入分析每个幼儿的行为表现，循序渐进地指导幼儿，使他们逐渐建立良好的生活习惯。

在辅导幼儿时，要态度诚恳、和蔼、有耐心，不能以威胁的方式要求幼儿适应幼儿园生活常规。小班生活常规必须遵循以下管理原则。

1. 切合幼儿能力的原则

幼儿的能力和学习速度有差异，在管理生活常规时，保教人员应细心观察并试着去了解每个幼儿的能力及实践情况，适时适度地给予帮助。

2. 拟定明确工作步骤的原则

拟定明确的工作步骤是很重要的，特别是培养幼儿生活自理的活动，如洗手、如厕等，都须按幼儿的能力将每项工作划分成若干明确而具体的步骤，循序渐进地给予幼儿指导和帮助。

3. 给予充分时间和重复练习机会的原则

幼儿年龄小，掌握生活技能需要经过反复练习，教师应该耐心辅导，给予充分的时间让他们去尝试和练习。教师对每项常规活动应做适当介绍，并做出示范，让幼儿在不知不觉中日复一日地反复练习。

4. 提供适当而充足的用具的原则

教导幼儿学习常规时所需的用具，如餐具、被褥等，数量必须充足，且尺寸、规格必须合适。让幼儿用起来得心应手，才能够达到练习和实践的效果。

5. 给予赞赏和鼓励的原则

当幼儿完成某一项目时，教师要及时给他们赞赏和鼓励，以激发他们持久的动力。

6. 持之以恒的原则

教师应引导幼儿努力地去遵照常规要求执行，并一直坚持下去。

二、小班生活常规管理的内容

根据小班幼儿的生理、心理特点和幼儿园常规教育规律，小班幼儿生活常规活动分为入园活动、盥洗活动、饮食活动、午睡活动、散步活动、离园活动六个环节，小班生活常规管理的内容如下。

1. 入园活动

（1）幼儿常规：

1）高高兴兴上幼儿园，向教师问早、问好。

2）带手帕，衣着整洁，能高兴地接受晨检，准确插放晨检标记。

3）进班后，在教师的指导下，将脱下的衣服和帽子放在固定的地方。

4）学习擦抹小椅子，用双手轻拿轻放小椅子。

（2）教师常规：

1）热情接待幼儿和家长。

2）仔细了解幼儿的健康情况。

3）聆听并履行家长的嘱咐。

4）解答家长的咨询。

5）观察幼儿的皮肤、五官、神情，做好记录，如有异常，迅速与保健室联系，及时处理。

6）观察幼儿的情绪，舒缓幼儿不安的情绪，做好幼儿的交接工作。

7）清点人数，做好点名记录。

8）教育和指导幼儿学习使用手帕。

（3）保育员常规：

1）开窗通风，搞好室内外清洁卫生，做到室内外空气流通，光线充足。

2）配合教师做好幼儿的服装鞋帽穿脱、放置工作。

3）配合教师做好个别幼儿的情绪安抚工作。

4）指导个别幼儿学习使用手帕。

2. 盥洗活动

（1）幼儿常规：

1）逐步养成饭前、上厕所后和手脏时洗手的习惯。

2）洗手前将衣袖卷起，洗手时能按顺序认真地洗。

3）洗手时不玩水，学会抹肥皂，洗好后用自己的毛巾擦手。

4）能主动向老师表示要大小便，学会到厕所小便，逐步养成每日大便的习惯。

5）逐步学会饭后洗脸、漱口。

（2）教师常规：

1）指导和帮助幼儿按顺序操作。

2）了解幼儿大小便的习惯。

3）与幼儿一起制定简单的盥洗规则。

4）随时对幼儿进行卫生常识教育。

5）随时观察幼儿是否需要大小便，鼓励幼儿根据需要如厕。

6）组织幼儿排队等候轮流如厕，让幼儿如厕后自行冲厕和洗手，分组洗脸、洗手。

7）对个别幼儿进行重点指导。

（3）保育员常规：

1）做好盥洗前的准备工作，放好肥皂、消毒毛巾和卫生纸。

2）同幼儿一起进入盥洗室，对幼儿盥洗进行具体指导。

3）指导幼儿如厕时穿脱裤子，注意保暖。

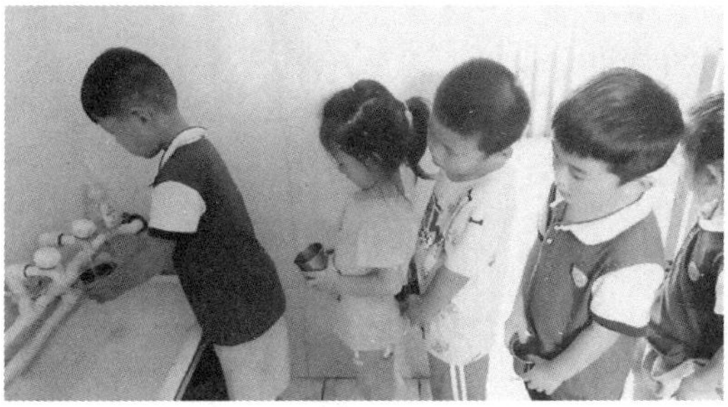

3. 饮食活动

（1）幼儿常规：

1）安静就座，愉快进餐。

2）学习使用餐具。

3）学习文明的进餐行为。

4）学会餐后擦嘴，用温水漱口。

5）能主动表示想喝水。

6）细嚼慢咽，不挑食，吃饭时精神集中，保持桌面、地面、衣服整洁。

（2）教师常规：

1）餐前半小时不组织幼儿剧烈活动。

2）组织幼儿盥洗。

3）创设安静愉快的气氛，减少幼儿的等待时间。

4）用正面教育的方法，鼓励幼儿吃饱吃好，教幼儿正确使用餐具，培养幼儿良好的进餐习惯。

5）餐后组织 10 ～ 15 分钟的散步活动。

（3）保育员常规：

1）餐前用消毒水擦干净桌子，准备餐具、漱口水。

2）少盛多添，根据幼儿饭量增添饭菜。

3）放些轻松、和谐的音乐，让幼儿进餐愉快。

4）餐后做好清洁工作。

5）对个别吃饭过慢的幼儿给予适当的帮助。

6）为幼儿提供随时喝水的条件。

4. 午睡活动

（1）幼儿常规：

1）安静就寝，睡姿正确。

2）睡前能在教师的帮助下按顺序脱下衣裤鞋袜，并将其放在固定的地方。

3）起床后能在教师的帮助下按顺序穿好衣裤鞋袜，整理好床铺。

（2）教师常规：

1）提醒幼儿睡前小便，安静进入卧室。

2）指导帮助幼儿有顺序地穿脱衣服。

3）帮助幼儿盖好被子。

4）巡回观察幼儿睡眠情况，纠正幼儿睡眠中的不良习惯，发现异常，及时处理。

5）根据季节把握午睡的时间。

（3）保育员常规：

1）拉上窗帘，适当开窗，创设安静、通风、整洁、卫生的睡眠环境。

2）帮助幼儿穿脱衣服。

3）护理和安慰个别幼儿入睡。

4）幼儿起床后整理好午睡室。

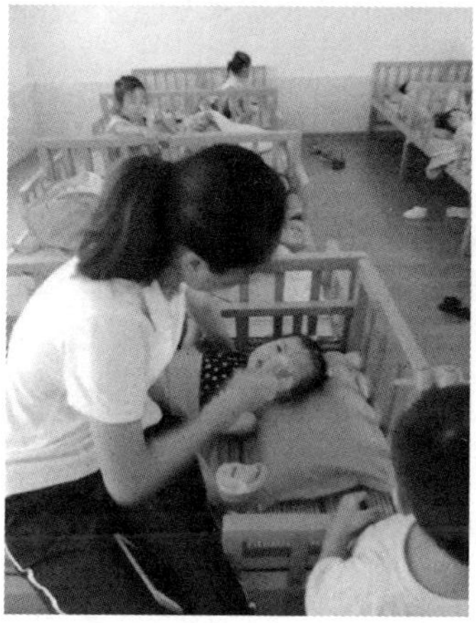

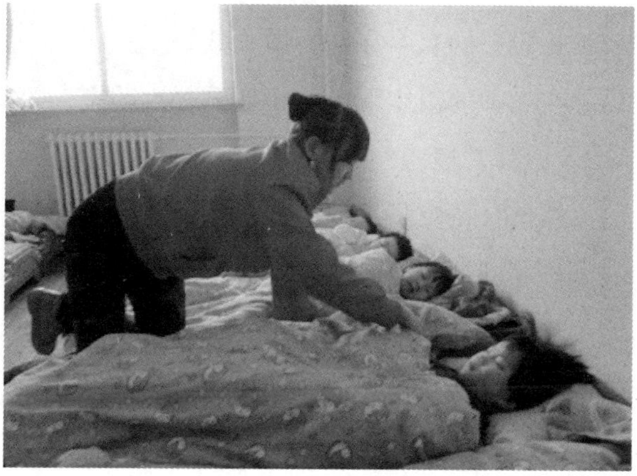

5. 散步活动

（1）幼儿常规：

1）在教师的带领下，一个跟着一个，有秩序地散步。

2）散步时不奔跑，注意安全。

3）边散步边数步，散步结束后向教师报告步数。

（2）教师常规：

1）有计划地带领幼儿有秩序地散步。

2）组织全班幼儿散步，适时组织幼儿在散步途中观察事物。

3）注意散步过程中的安全。

（3）保育员常规：

1）配合教师做好散步的组织工作。

2）注意幼儿在散步中的安全。

3）散步前后清点人数。

6. 离园活动

（1）幼儿常规：

1）收拾好玩具，放好桌椅。

2）将脱下的衣服穿好、帽子戴好。

3）在教师的组织下有秩序地离开活动室，等待家长来接。

（2）教师常规：

1）热情接待家长，向家长反映幼儿在园的生活情况、身体状态等。

2）指导幼儿将自己的玩具放在玩具架上。

3）指导幼儿将带来的衣帽等穿好。

4）清点人数，做好交班记录。

（3）保育员常规：

1）亲切和蔼地接待幼儿和家长。

2）帮助幼儿整理玩具，整理活动室。

3）做好个别幼儿的稳定情绪工作。

4）将活动室打扫干净。

练习与思考

1. 小班生活常规管理的原则和内容是什么？

2. 如何结合小班生活常规管理的要求做好小班生活常规管理？

任务四　小班教育常规管理

幼儿园小班教育常规管理主要包括教学活动管理、游戏活动管理以及家园活动管理。据此，我们对小班教育常规管理分解为三个子任务分别完成。

子任务1　教学活动管理

任务目标

1. 明确小班教学活动的内容。
2. 熟悉小班教学活动所要实现的学习目标。
3. 掌握小班教学活动管理的具体要求。

任务重点

掌握小班教学活动的内容及目标。

任务难点

掌握小班教学活动管理中幼儿、教师、保育员的常规要求。

幼儿园小班教学活动，是小班幼儿获得技能的主要途径。小班教学活动管理主要包括动作技能、语言和认知、品德和社会能力的学习管理三个方面。

一、动作技能的学习管理

幼儿小班动作技能学习，主要是指幼儿通过一系列的动作技能学习，实现行走动作过程中身体正直、手脚协调、身体平衡、能按照规定路线走路，能走跑交替100米，能快跑追上大皮球，从高处跳下来时能保持身体平衡，学拍大皮球，会滚球、接球，能在游戏场的攀登架上爬上爬下等学习目标。同时，幼儿在动作技能学习中，要初步学会模仿动作。

1. 幼儿常规

（1）跟着教师到户外散步、做操、游戏。

（2）会模仿教师的动作。

（3）逐步熟悉早操的地点及户外活动的周围环境。

（4）知道户外活动时不远离教师，离开时要告诉教师。

（5）认识户外大型体育器械和体育玩具。体育器械包括滑梯、转椅、荡船等；体育玩具包括摇马、球、玩水的器皿、沙坑玩具等。在教师指导下学会玩耍。

（6）冬季锻炼不怕冷，不戴帽子、围脖和手套（体弱幼儿除外）。

（7）学习使用剪刀，用毕放回原处，不拿着剪刀冲人比画。用右手拇指与其余手指握住剪刀把柄，正确张合刀口。

（8）学会捏泥、撕纸、粘贴、画、穿、插等技能。

2. 教师常规

（1）每天安排 2 ～ 3 小时的户外活动，其中有组织的体育活动不少于 1 小时。

（2）做好体育活动的准备工作：

1）清除活动场地的危险物及障碍物。

2）画好场地，如操练站点标记、游戏需要的界线等。

3）准备好体育器材和玩具，玩具数量要比幼儿人数略多几个。

4）帮助幼儿整理好服装、系好鞋带。

5）活动前向幼儿讲清活动的内容和要求。

（3）教师做示范，带动幼儿参加活动：

1）教师的动作要准确、到位、形象。

2）要引导和鼓励不爱动的、胆怯的幼儿参加体育活动。

（4）告诉幼儿户外活动时不可远离教师，离开时要告诉教师。

（5）逐一介绍户外大型体育器械的名称、玩法及注意事项，向幼儿进行安全教育。

（6）冬季教育幼儿不怕冷，要重视对体弱幼儿的照顾。

（7）给幼儿准备材料，教给幼儿捏泥、撕纸、画等的技能。

3. 保育员常规

（1）协助教师做好准备工作，如活动场地的清理、体育器械的准备，帮助幼儿整理服装等。

（2）配合教师照顾或帮助个别幼儿。

（3）注意照顾体弱幼儿，控制其活动量。

二、语言和认知的学习管理

1. 语言和认知学习目标

幼儿园语言教育目标一般可以分解为终期目标、年龄阶段目标和活动目标三个层次。

在《纲要》中，我们可以看到幼儿园语言教育的目标主要有这样一些要求：乐意与人交谈，讲话礼貌；注意倾听对方讲话，能理解日常用语；能清楚地说出自己想说的事；喜欢听故事、看图书；能听懂和会说普通话。

小班的语言和认知学习主要包括以下活动目标：

（1）谈话活动目标。

学会安静地听同伴说话，不随便插嘴；喜欢与同伴交谈，愿意在集体面前讲话；能听懂和会说普通话。在教师的引导下，学习围绕主题谈话，能用短句表达自己的意思，初步学习常见的交往语言和礼貌用语。

（2）讲述活动目标。

能有兴趣地运用各种感官，按照要求去感知讲述内容；理解内容简单、特征鲜明的实物、图片和情景；愿意在集体面前讲述；能正确地说出讲述对象的主要特征或主要事件；能安静地听教师或同伴讲述，并用眼睛注视讲述者。

（3）听说游戏活动目标。

乐于参加游戏活动，在游戏中大胆地说话；发准某些难发的音，初步掌握方位词及人称代词，学习正确运用动词；在游戏中尝试按照规则运用简单句说话；养成在集体活动中倾听别人讲话的习惯，能听懂较简单的语言游戏规则。

（4）文学作品学习活动目标。

喜欢欣赏文学作品，愿意参加文学活动，对文学作品的语言感兴趣；能初步感受文学作品的语言美，知道故事、诗歌和散文是不同体裁的文学作品；学习理解文学作品的情节内容或画面，能用语言、动作、表情等方式表达自己对文学作品的理解；在文学作品的基础上发挥想象，仿编诗歌、散文中的一句或续编故事结尾。

（5）早期阅读活动目标。

喜欢看书，知道看书的基本方法，能初步看懂单幅儿童图画书的主要内容；能用口头语言将儿童图画书的主要内容说出来，开始感受语言和其他符号的转换关系；对文字感兴趣，能在成人的启发下认读简单的文字；在活动中以描画图形的方式练习基本笔画。

1. 小班语言和认知学习的常规要求

（1）幼儿常规：

1）有兴趣，愿意参加集体学习活动。

2）知道注意听教师讲话，按教师的要求去做。

3）能保持注意力 5 ～ 10 分钟。

4）认真参加活动，学会动手、动口、动脑。

5）大胆地回答问题，愿意用语言表达自己的意思，敢在集体面前讲话。

6）学习正确的坐姿，看书、绘画姿势，握笔姿势。

（2）教师常规：

1）根据活动要求布置环境，使全体幼儿均能看清教师的活动。

2）准备好教具和学习用具。教具包括实物、模型、玩具或其他材料；学具包括笔、纸等供幼儿操作的用具、材料。数量要稍多于幼儿人数。

3）选材内容、运用的方法和活动的组织等均应适合本班幼儿的年龄特点。多以游戏形式，游戏口吻及鲜明形象的玩具、教具材料等引起幼儿的兴趣和注意，吸引幼儿参加活动。运用生动、简练、准确的语言说明要求，肯定幼儿的努力和进步，提高幼儿的积极性，使其有兴趣参加学习活动。

4）培养幼儿各种正确姿势和正确使用学习用具的技能。

5）让幼儿有充分动口、动手、动脑的机会，使幼儿通过活动得到满足感和愉快的体验。

6）热情积极对待幼儿活动的成果，注意保存，应使每个幼儿都有展示自己作品的机会。

7）注意观察幼儿在活动中的表现，根据幼儿的不同特点灵活地采取不同的教育方式，进行有针对性的个别指导和帮助。

（3）保育员常规：

1）保持环境空气新鲜，室内地面整洁。

2）了解教师的工作计划及活动要求，主动配合。

3）配合教师布置环境，准备教具、用具材料。

4）配合教师组织活动，照顾个别幼儿。

5）活动后配合教师收拾作品、教具、学具材料，清整场地。

三、品德和社会能力的学习管理

《纲要》指出，社会领域的教育具有潜移默化的特点。幼儿社会态度和社会情感的培养尤应渗透在多种活动和一日生活的各个环节之中，要创设一个能使幼儿感受到接纳、关爱和支持的良好环境，避免单一呆板的言语说教。幼儿与成人、同伴之间的共同生活、交往、探索、游戏等，是其社会学习的重要途径。应为幼儿提供人际交往和共同活动的机会和条件，并加以指导。社会学习是一个漫长的积累过程，需要幼儿园、家庭和社会密切合作，协调一致，共同促进幼儿良好社会性品质的形成。

《指南》指出，幼儿社会领域的学习与发展过程是幼儿社会性不断完善并奠定健全人格基础的过程，主要包括人际交往与社会适应。

综上可见，幼儿阶段是个人品德和社会性发展的关键时期，良好的人际关系和社会适应能力对幼儿身心健康发展以及知识、能力和智慧作用的发挥具有重要影响。因此，幼儿园要特别注意通过各种活动帮助幼儿建立良好的人际关系，在各种活动中有意识地培养幼儿良好的人际交往能力。

1. 幼儿常规

（1）有兴趣去观察成人的各项劳动，知道教师工作很辛苦，愿意保持自己衣裤和班上各个角落的整洁。

（2）逐步愿意参加一些劳动，学会在教师帮助下给植物浇水、喂养小动物、擦桌椅、整理玩具及图书角等，初步体会劳动的快乐。

（3）知道爱护用具和材料，节约使用，不摔、不乱丢东西等。

（4）有困难时不哭，愿意自己动手尝试解决困难或找教师请求帮助。

（5）愿意和小朋友们一起玩。

2. 教师常规

（1）为幼儿的劳动活动创造必要的条件和机会，和保育员配合做好充分准备，包括劳动活动的场地，适合幼儿使用的各种工具材料以及服饰等。

（2）引导幼儿有兴趣地观察成人的各项劳动，如：清理环境卫生、打扫活动区域等。培养幼儿勤于动手、动脑，高兴地去做力所能及的事情的习惯。

（3）注意身教，以自己积极的态度感染幼儿。

（4）主动与幼儿家庭联系，让家长了解幼儿园对幼儿的要求，以及幼儿在幼儿园的表现，取得家长配合，进行一贯、一致的教育。

3. 保育员常规

（1）了解本班近期教育目标，有意识地在幼儿劳动活动中渗透教育要求。

（2）配合教师工作，做好活动的准备，活动过程中对幼儿进行个别指导，必要时给予帮助。

（3）活动后清理工具、材料和环境。

练习与思考

1. 幼儿园小班教学活动管理的内容有哪些？
2. 幼儿教师应如何在实施小班教学活动管理中实现教学活动目标？

子任务2　游戏活动管理

任务目标

1. 了解小班游戏的分类。
2. 了解小班游戏的特点与管理方法。

任务重点

掌握小班游戏的组织、策划、指导要点与管理方法。

任务难点

能够组织小班幼儿开展游戏活动。

游戏是幼儿学习的一种形式。幼儿能从游戏中认识周围生活，增强独立性、积极性、创造性和动手动脑的能力。游戏在整个教学活动中占有相当重要的位置，对于小班幼儿具有更重要的意义。根据小班幼儿的特点，上课时间较短暂，一般为10～15分钟，且往往同游戏相联系，游戏在幼儿的一日生活中占有大部分时间，在日常生活或其他活动中也离不开游戏。

小班游戏按游戏的内容和作用的不同可分为创造性游戏（包括角色游戏、结构游戏、表演游戏）和规则（教学）游戏（包括体育游戏、音乐游戏、娱乐游戏），按照场地的不同可分为室内游戏和户外游戏。下面，以角色游戏和结构游戏为例，分析小班幼儿游戏活动管理。

一、小班角色游戏活动的管理

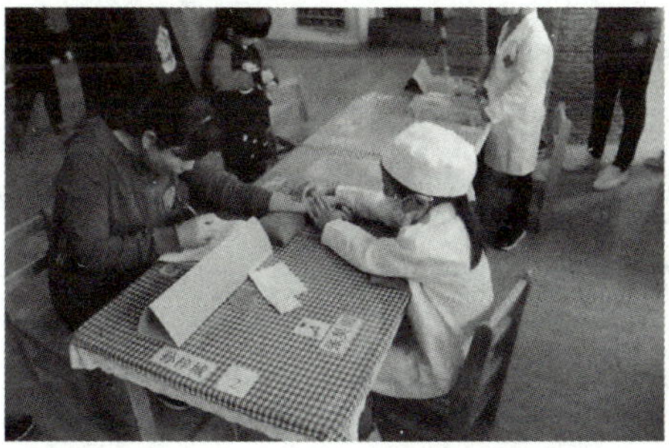

角色游戏，是幼儿按照自己的意愿，独立自主地确定游戏主题、构思内容、分配角色和制定规则的游戏。这种游戏需要各式各样的角色来反映游戏的主题，在角色游戏中能充分发挥幼儿的创造性、积极性和主动性。如“娃娃家”“幼儿园”“水果店”等游戏都属于角色游戏。小班角色游戏有以下特点：

（1）从主题范围来看，小班幼儿接触最多的是爸爸、妈妈，去的最多的地方是幼儿园、公园和医院。因此，幼儿见到最多的角色就是爸爸、妈妈、医生等。随着他们的认知水平达到一定程度，他们便会产生这样那样的疑问，比如，“妈妈、爸爸整天在干什么呀”“医生怎么给小朋友看病”之类的问题，从而产生强烈的参与成人生活的欲望，但是他们又不能实际地参与，于是角色游戏便产生了。他们会模仿爸爸、妈妈，玩“过家家”游戏，或模仿医生给小朋友看病。由于小班幼儿对社会接触较少，所以他们选择的主题范围很窄，且往往要通过教师帮助来选定主题。

（2）从角色扮演角度看，小班幼儿对角色的理解仍是不明确的。他们有时在自我与角色之间徘徊，时有交叉。例如扮演“妈妈”的幼儿一看到教师，便不再是“妈妈”，而是回到自己的身份。他们往往会不厌其烦地重复某一动作，例如扮演“爸爸”的幼儿重复地开冰箱门，表明他仅仅是对这个动作产生了兴趣，而忘记了自己的角色。在游戏过程中偶尔会产生一些合作行为，如“妈妈”打开冰箱，“爸爸”把菜递过去；或“妈妈”拿茶杯，“爸爸”倒水等。小班幼儿这种对角色的认识是极不稳定的、易变化、易受影响的。

（3）从游戏的情节来看，小班幼儿的游戏一般都很简单，仅限于几个具体的动作，像烧饭、倒水、喂娃娃等。他们一般所用的替代物与生活中的实物很相似，像用鱼状的塑料模型代替鱼，用剪成饺子状的纸片代替饺子。他们的动作更接近真实，模仿成分多，且更多依赖于物体。教师应该为之提供一种近于真实的情景，以增强幼儿的想象力。

（4）从组织角色游戏的能力看，小班幼儿组织角色游戏的能力还很差，他们一般喜欢独自游戏。如果没有教师的指导，他们一个人也会玩得津津有味。对于小班幼儿，一般由教师帮助其组织游戏。

（5）从遵守规则的情况来看，小班幼儿在开始阶段是不遵守规则的。他们对于不喜欢的、不感兴趣的，便会一带而过；对于感兴趣的，则会重复好多次。逐渐地，他们能在操作物品中学会遵守一些简单的规则。

当然，小班幼儿的角色游戏水平是一个由低级向高级发展的过程，随着生活体验的深入以及游戏的展开，他们自己逐渐能够展开一些简单的情节，组织能力也有所增强。

二、小班结构游戏活动的管理

结构游戏也称建筑游戏，主要是幼儿利用积木、积塑、沙黏土等材料，进行建造、插接，模仿现实生活中人们的建筑活动，是富有创造性的一种游戏。这里的结构游戏主要是指幼儿利用积木进行建造的活动，如利用积木建造大桥、楼房等。

目前，我国幼儿园的结构游戏开展得很普遍，材料很丰富，时间也较充裕，同时还存在着一定的问题：一方面，教师对结构游戏缺乏指导，对幼儿放任自流，影响了结构游戏教育功能的发挥。另一方面，不少幼儿园仍然沿袭以往结构游戏的教育方法，即教师教，幼儿机械模仿，造出的建筑物千篇一律，毫无创造性。幼儿在活动中兴趣索然，无法发挥主动性。小班游戏活动管理应充分发挥出结构游戏在幼儿发展中的特殊教育作用。建筑游戏符合幼儿的年龄特征。小班幼儿活泼好动，好奇心强，爱模仿，看到漂亮的高楼就会跃跃欲试，想要搭建楼房。结构游戏的玩法变化多端、容易操作，因而获得幼儿的青睐。结构游戏的目的不在于最后建成的物体，更重要的是建构过程，在这个过程中让幼儿感到愉快、发展创造力。

练习与思考

1. 小班游戏有哪些类型？
2. 幼儿教师应如何策划小班的角色游戏？目的是什么？

子任务3　家园活动管理

任务目标

了解小班家园活动管理的内容。

任务重点

掌握小班家园活动管理的方法。

任务难点

掌握小班家园活动管理的方法。

幼儿园教育与家庭教育互相合作、协调一致，是促进幼儿身心发展的重要环节。家庭与幼儿园如果在教育观点上出现分歧，各自为政，从而导致教育力量相互抵消，受害者最终是幼儿。因此幼儿园教师和家长之间应做到互相尊重、互相依赖、互相谅解、互相支持、互相帮助，共同商讨。

小班家园活动管理包括以下内容。

一、口头形式家园活动管理

口头形式包括家长会、家访、家长学校（或家教知识讲座）、家教咨询、家教经验交流、电话联系及平时交流等。如开学之前，教师就应该进行家访，了解幼儿的身体发展状况和性格习惯等，以便幼儿入园后能够有针对性地采取措施。开学后，及时召开家长会，让家长了解班级的工作计划及要求，配合教师工作。

使用口头形式，必须做到既要面向全体家长，又要有重点地进行工作。教师必须做到心中有数，要在了解幼儿和了解家长的前提下进行工作。教师应利用各种时机做家长工作，这样针对性强，能取得较好的效果。

二、文字形式家园活动管理

文字形式包括家园联系册、家教宣传栏、宣传资料、“家园通讯”以及家园间的信件往来等。家园联系册是实现家园联系的一种好形式，从联系册中教师可以获得教育效果的反馈，了解幼儿在家中的表现，了解家长对教师的意见和要求等，而家长也可从中得知幼儿在园的表现和幼儿园对家长的具体要求等。家教宣传栏可根据家长的需要，有针对性地选择宣传的内容。如开学初的时候，可以向家长宣传“幼儿入园问题及措施”“如何培养孩子的独立生活能力”等。

三、家长观摩形式家园活动管理

家长参与幼儿园组织的活动也是家园共育的一种有效形式。小班可以定期向家长开放，请家长来观摩幼儿的半日活动，使家长了解幼儿园的教育内容、方法、活动特点，或请家长来园与孩子一起共度节日，密切家长与幼儿园的联系。

四、幼儿园小班家长工作系统管理

幼儿园小班家长工作系统，是指将小班幼儿教育的各项工作按时间顺序制成计划，其中突出表现的是幼儿园与家长之间各项联系工作。一般家长工作系统是以工作日程的形式呈现，开学初交给家长，使家长提前明晰本班一个学期的各项工作，争取家长的合作与配合。

家长工作系统的内容非常丰富且富于变化，教师在实际工作中可对其进行修改或添加。

练习与思考

1. 小班家园活动管理包括哪些内容？
2. 作为幼儿教师应如何促进家园共育协调发展？

任务五　小班常规管理总体建议

任务目标

了解小班常规管理总体建议。

任务重点

能够运用小班常规管理总体建议培养幼儿良好习惯。

任务难点

能够运用小班常规管理总体建议培养幼儿良好习惯。

小班年龄阶段是幼儿良好习惯培养的关键期。经过合理的、及时的教育、培养与引导，可使幼儿形成良好的习惯。下面就对如何有效开展幼儿园小班常规管理，从总体上给出一些建议。

一、两教一保，有效配合是前提

在生活指导中，教师和保育员要互相配合，培养幼儿良好的盥洗、进餐、睡眠等生活习惯，提高幼儿的自理能力。例如：在分配点心和中餐等环节，教师和保育员分工合作，一位教师在活动室照顾幼儿，另一位教师与保育员进行餐前物品准备，期间可以让幼儿适当参与。幼儿进餐时，教师和保育员互相交流，了解每个幼儿的饭量，监督个别幼儿挑食或偏食现象。

在教学活动中，教师之间的步调一致尤为重要。教学活动中的教师行为，是幼儿模仿的主要对象。因此，教师一定要注意自己在教学活动中的行为举止。

二、创造条件，亲身体验，常规要求是重点

《纲要》在“组织与实施”中强调，建立良好的常规，避免不必要的管理行为，逐步引导幼儿学习自我管理。建立常规的目的不是做一条隐形的绳索捆绑住幼儿，而是让幼儿在和谐、有序的氛围中得到更好的发展，良好的常规是对幼儿健康成长的保障。

常规教育在幼儿园一日生活管理中起着至关重要的作用，可以使幼儿在潜移默化和不断强化中掌握最基本的生活经验，是幼儿形成良好行为习惯的重要手段。

三、面向全体，有针对性施教是关键

有的幼儿只要教师稍稍表扬就会很安静；有的幼儿只要教师看他一眼、给他一个微笑就会很认真；而有的幼儿并不在意教师的细微动作或表情，提醒的话语常常需要从活动开始说到活动结束。每位幼儿都具有独自的个性特点，教师不能用千篇一律的方式去对待他们。

对于自控力较差的幼儿，教师平时可多分配些小任务让其承担，有意识地培养其为大家服务的意识和责任意识。如：让其担任“小小值日生”等，使其在为大家服务的过程中感受到大家对他的赞赏，培养其责任意识。对于经常动手打人的幼儿，教师应提醒他换位思考：“如果你被别人打了，你会有什么感受？”并且经常利用幼儿喜欢的小动物，给幼儿讲一些关于团结友爱的故事。对于内向、不爱说话的幼儿，教师要鼓励他大胆、勇敢，提醒他遇事要主动告诉教师和家长。

四、家园合作，共同管理是延伸

《纲要》指出，家庭是幼儿园重要的合作伙伴，应本着尊重、平等、合作的原则，争取家长的理解、支持和主动参与，并积极支持、帮助家长提高教育能力。幼儿园班级的常规管理工作，必须得到家长的全力支持和配合。

家长应与教师、幼儿园保持教育的一致性，可在家实行幼儿一日常规，协助幼儿园有计划地进行幼儿习惯养成教育；家园共同进行榜样教育，无论是家长还是幼儿园及教师，都要善于抓住身边的优秀榜样，对幼儿进行榜样教育；通过观察、分析、评估、引导、训练等环节，家园共同训练幼儿养成良好习惯。

练习与思考

1. 小班管理的总体建议有哪些？
2. 如果你是小班班主任，你将如何帮助幼儿度过入园“焦虑期”？

项目六　幼儿园中班管理

任务一　中班幼儿身心发展特点

任务目标

了解中班幼儿身心发展特点。

任务重点

会运用中班幼儿身心发展特点设计教育教学等活动。

任务难点

会运用中班幼儿身心发展特点设计教育教学等活动。

幼儿园中班是幼儿三年学前教育中承上启下的阶段，也是幼儿身心发展的重要时期，教师要注意结合幼儿的身心特点来设计教育教学活动。中班幼儿身心发展特点主要表现为以下几个方面。

一、生理发展特点

幼儿进入中班以后，生长速度较小班时期有所减慢，进入一个相对平稳的增长阶段。在中班的一年时间中，幼儿身高平均增长 5 厘米左右，体重平均增加 2 千克左右。

4～5 岁幼儿精力充沛，体力增强，可以步行一定距离的路程；基本动作更为灵活，不但可以自如地跑、跳、攀登，而且可以单足站立，会抛接球，能骑小车等；手指比较灵巧，可以熟练地完成穿脱衣服、扣纽扣、拉拉链、系鞋带，也会折纸、穿珠、拼插积木等精细动作；动作质量明显提高，既能灵活操作，又能坚持较长时间。

根据幼儿生理发展的特点，教师在设计教育教学活动时，要在体育课程活动和其他课程活动中有意识地融入强化、发展幼儿动作的活动内容。教师也可以给幼儿布置家庭活动作业，要求幼儿帮助家长完成力所能及的家务劳动，使幼儿在手工活动、身体运动、完成简单家务劳动的活动中，发展动作的灵活度，提高动作质量，增强体质，扩大和丰富幼儿生活活动范围和活动内容。教师也要叮嘱家长带幼儿多参加户外活动，给幼儿提供运动的机会。

二、心理发展特点

1. 有意性行为开始发展

中班幼儿集中精力从事某种活动的时间比小班时有所延长，小班集体活动为 10～15 分钟，中班可以延长为 25 分钟左右。中班幼儿已经具备接受成人指令、在成人指导下完成一些力所能及任务的能力。

教师在教育教学活动设计中，可以尝试让幼儿“学当值日生”，安排他们为班级的自然角浇水，帮助老师摆放桌椅、整理物品等。同时，要求家长配合让幼儿在家里完成收拾自己的玩具、用具，帮助家人收拾碗筷、叠衣服等任务。在让幼儿承担力所能及的任务的过程中，培养幼儿的责任意识。

2. 开始学习控制自己的情绪

幼儿在小班时期一不高兴就会直接表现出来，到了中班时期，他们开始学着控制自己的情绪。比如，在幼儿园里，当与同伴发生争执或矛盾时，他们有时能控制自己的情绪和行为。当然，他们并不能做到每次都调节好自己的情绪。他们对自己特别感兴趣的事物仍然受情绪支配，甚至还会出现情绪失控的情况，遇到不顺心的事时仍会大发脾气。

结合中班幼儿这一心理特点，教师在处理幼儿间发生的争执或矛盾时，一定要从根本上了解争执或矛盾的起因，了解双方的态度，肯定情绪控制得好的幼儿，教育他们要学会遇事冷静，寻找更好方法解决。同时，请家长在家庭活动中注意幼儿情绪的变化及其原因，帮助幼儿学习控制情绪。

3. 规则意识萌芽，是非观念较模糊

中班幼儿身心发育趋于完善，产生了规则意识。比如，他们懂得洗手要排队、依次玩玩具等。但由于他们对事物的判断力还有待于发展，所以他们的是非观念仍很模糊，他们不能对是非做出清晰的判断，仅仅知道受表扬是好事，被批评是坏事。

既然中班幼儿有了规则意识的萌芽，教师在教育教学活动设计中，就要把“比赛”引入活动，让幼儿在参与比赛中体验规则的重要性。推而广之，引导幼儿懂得规则是维护社会、家庭、人际关系的基本准则，人人都必须遵守，强化幼儿的规则意识，教育幼儿做懂规则、守规则的人。同时，教师还可以请家长注意在日常生活中纠正自己不守规则的行为，给幼儿做遵守规则的榜样。

针对中班幼儿虽萌生了是非观念，但又处于观念模糊的状态，教师在进行教育教学活动设计时，可利用一些小朋友之间发生的争执等需要判断对错的事件，来引导幼儿进行是非判断，帮助幼儿逐步掌握判断是非的标准，并教育幼儿要勇于面对错误、改正错误，逐步成长为是非观念明确、有担当的人。家长在幼儿遇到争执或冲突时，一定要耐心地帮助幼儿分析争执或冲突发生的原因、幼儿在其中的角色和所起的作用，启发和引导幼儿认识到自己行为的对错，进而帮助幼儿学会判断是非，树立正确的是非观。

4. 开始在活动中学习交往

中班幼儿渴望与同伴一起玩耍，在与同伴玩耍中学习分享快乐，获得领导同伴和服从同伴的经验。这是中班幼儿学习交往、学习合作的最好时机。同时，他们也开始有了嫉妒心理，喜欢炫耀自己拥有的东西，能感受到强烈的愤怒与挫折。

教师在组织设计教育教学活动时，要有意识地设计只有通过合作才能完成的活动，有意识地设计必须服从同伴才能实现目标的活动，有意识地设计分享成功经验或失败教训的环节等，让幼儿在参与活动的过程中体验人际交往应该遵守的规则，培养幼儿的人际交往能力。家长应该配合幼儿园此时的教育内容，有意识地带幼儿参与适合的社交活动，培养幼儿的交往能力。

结合中班幼儿开始产生嫉妒心理的特点，教师在设计教育教学活动时，要有意识地融入“学会欣赏”等元素的教育内容，让幼儿在活动中懂得嫉妒心理可能会让人无端产生敌视情绪，也因此可能让一个人变得心胸狭窄，甚至让自己无端陷入痛苦。同时，让幼儿在活动中体验欣赏他人的快乐。教师可以要求家长在日常生活中注意幼儿嫉妒心理的发生与矫正。

结合中班幼儿喜欢炫耀的特点，教师在设计教育教学活动时要有意识融入“学会同情”等元素的教育内容，让幼儿在参与活动中体验同情的品质对于一个人成长的重要意义，培养幼儿善良的品格，让幼儿懂得炫耀可能给他人造成的伤害。家长在日常生活中也要配合教师矫正幼儿炫耀的行为，教育幼儿懂得关注周围人的感受，不能因自己的炫耀行为而伤害了周围的人。

结合中班幼儿能感受到强烈的愤怒与挫折的特点，教师在设计教育教学活动时，要有意识地融入“挫折教育”等元素的教育内容，引导幼儿在遇到不顺心的事时学会情绪的自我控制，让幼儿在情景活动中选择正确的方式处理人际关系。家长要主动配合幼儿园对幼儿进行“挫折教育”，让幼儿有能力、有勇气接受和面对挫折，学会在受挫时平复情绪。

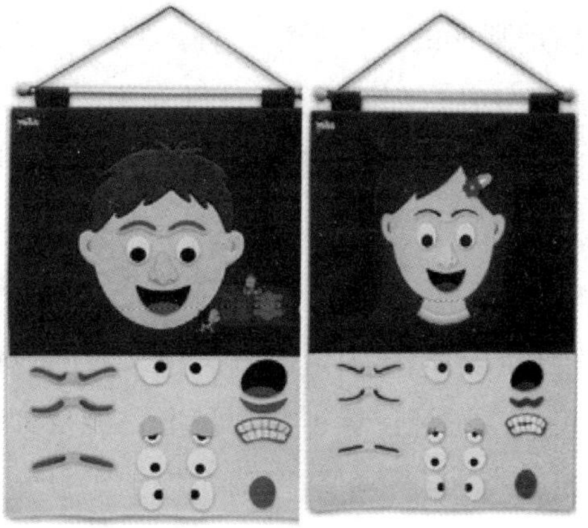

5. *活泼好动，积极动用感官探索新事物*

中班幼儿会积极地运用感官去探索、了解新鲜事物，还常常喜欢寻根刨底，不但要知道“是什么”，而且还要探究“为什么”。他们总是不停地看、听、摸、动，见到了新奇的东西，总爱伸手去拿、去摸，还会放在嘴里咬咬、尝尝，或者放在耳边听听，凑到鼻子前闻闻。如，他们看见鸟在天上飞就会问“为什么鸟会飞？”，看到家长洗衣服就会问“洗衣机为什么会转动？”，等等。

这正是激发幼儿探索知识奥秘，培养幼儿学习兴趣，教会幼儿学习方法的最佳时期。教师和家长一定要抓住这个契机，帮助幼儿养成良好的学习习惯。教师在设计教育教学中，要多设计幼儿活动环节，给幼儿提供调动身体所有感官去观察、体验知识技能的机会，启发引导幼儿从中发现规律，告知幼儿探索知识奥秘的意义和学习的方法，让幼儿在初步学习知识、技能中体会学习方法的重要性。

6. 思维具体形象，根据事物的表面属性概括分类

中班幼儿思维具有具体形象的特点，所以在理解成人语言时，经常凭借自己的具体经验去理解。比如，问幼儿“4 与 2 相比谁多谁少？”，有的幼儿可能会说“不知道”，但如果问“4 个苹果与 2 个苹果相比谁多谁少？”，幼儿则会回答“4 个苹果多”。这是因为 4 和 2 这两个数字是抽象的概念，而 4 个苹果和 2 个苹果则变得具体形象了。

针对中班幼儿理解事物的这一特点，教师在设计教育教学活动时，要充分运用具体、形象、生动的事物教学，把抽象的语言表述与幼儿熟悉的具体事物结合起来，以使幼儿更容易接受和理解，从而取得良好教育教学效果。

中班幼儿在已有感性经验的基础上，开始能对具体事物进行概括分类，但概括的水平还很低，他们并不能根据事物的内在联系或事物的本质去分类，而仅能根据事物的形状、颜色、情景等进行简单分类。如，他们把苹果、桃、梨归为一类，不是因为他们知道这些都属于水果，而是因为它们都可以吃，并且样子相似；把太阳、卷心菜归为一类，因为他们认为这些都是圆形的；把玉米、香蕉归为一类，因为他们认为这些都是黄色的，并且形状相似。所以，教师在设计教育教学活动时，要逐渐融入各种事物，启发幼儿在对事物进行分类时从不同角度去观察事物的性质与特点，引导幼儿学习概括分类的方法。

7. 对事物的理解能力逐渐增强

中班幼儿对事物的理解能力开始增强：在时间概念上，能分辨什么时间该做什么事情；在空间概念上，能区别前后、中间、左右等位置；在数量上，能自如地数 1 ～ 10；对物体类别的概念也有初步的认识，会区别轻重、厚薄、粗细等；能把物品从大到小摆成一排；能初步理解事物表面的、简单的因果关系，如能够明白若不给花浇水，花就会枯死的道理。

教师在设计教育教学活动时，要有意识地引入时间、数量、顺序、因果等概念。让幼儿在“时间隧道游戏”活动中体验时间的变化、感悟历史的变迁；利用数字 1 ～ 10 编制“数字游戏”，让幼儿感受数字的奇妙变化，激发他们探索科学奥秘的兴趣；运用各种材质不同的物品，让幼儿体验其轻重、厚薄、粗细，进一步引导幼儿学习事物分类的方法；运用“搭积木”等游戏或创设“上公交车”等情境活动，帮助幼儿建立秩序观念；组织幼儿观察植物的生长过程，帮助幼儿建立因果关系等概念。

8. 语言表达能力提高

中班幼儿的词汇量增加，喜欢与家人及同伴交谈，能够独立地讲故事或叙述日

常生活中的各种事物。他们还会根据不同对象的理解水平调整自己的语言，如对小妹妹说“爸爸走了”，对妈妈说“爸爸去商店买吃的东西了”。有时他们也能表述较复杂的句子，如：“我还没来得及把蛋糕放在桌子上，小红就把它吃掉了。”但他们有时讲话会断断续续，因为他们还记不清事物现象和行为动作之间的联系。

中班幼儿的这一特点要求教师设计教育教学活动时，要考虑幼儿的语言发展需求，融入更多较为复杂的语言表达内容，让幼儿在活动或游戏中感受语言的魅力，培养幼儿学习语言的兴趣。

9. 游戏中表征水平提高

中班幼儿不但爱玩，而且会玩。此时的幼儿不仅游戏兴趣显著增强，且水平也大大地提高，他们能够自己组织游戏，选择主题、自行分工、扮演角色等，游戏情节丰富，内容多样化。他们还出现了以物代物等替代行为，如他们会用积木代替电话机，用“雪花片”代替公园门票等，表征水平有了提高。他们的游戏不仅反映日常生活的情景，还经常反映电视、电影里的故事情节。

中班幼儿在游戏中逐渐形成伙伴关系，而且有了相对稳定的游戏伙伴。但他们的交往技能不足，不知道哪种交往的方式是正确的，容易发生争执和攻击性行为。所以教师和家长要正确对待幼儿在与小伙伴交往中发生的问题，耐心地在实际生活中多教幼儿一些正确的交往方式，多鼓励，不要只是简单地责备幼儿。

10. 具有丰富、生动的想象力

中班幼儿富于想象力，但难以分清假想和现实，他们常常会把看到的内容融入自己的想象。如当幼儿站在阳台上往下看，成人提醒他要当心，他会说：“没关系，我会飞。”他们常和想象中的伙伴一起玩，有时会“撒谎”，但并不是真正意义上的撒谎，只是用想象代替现实。

11. 通过手、口、动作、表情进行表达与创造

中班幼儿喜欢唱歌，会拍打较简单的节奏；能说出 6 ～ 8 种颜色，喜欢涂涂画画；能用黏土或橡皮泥捏出一些形状和物体，如圆形、方形，或西瓜、苹果、香蕉等，有时还会捏出人或动物的形象；在表达自己的想法时，经常要用手势、表情一起帮助表达。

总之，教师和家长要充分考虑中班幼儿身心发展特点，有针对性地对幼儿施教，以求达到事半功倍的效果。

练习与思考

1. 中班幼儿身心发展特点有哪些？

2. 结合幼儿身心发展的某一特点，设计一次教育教学活动。

任务二　中班生活常规管理

任务目标

1. 了解中班生活常规管理的内容。
2. 了解中班生活常规管理的方法。

任务重点

掌握中班生活常规习惯养成方法。

任务难点

结合中班生活常规管理内容培养幼儿良好习惯。

幼儿园中班常规管理主要包括班级生活常规管理和教学常规管理两方面内容。这两方面内容都是在小班常规管理的基础上对中班幼儿提出进一步要求，目标仍然是巩固和培养幼儿的良好习惯。

一、中班生活常规管理的内容

根据中班幼儿的生理、心理特点和常规教育的规律，从来园、盥洗、进餐、午睡、离园等几个环节来制定中班生活常规管理的内容。

1. 来园活动

（1）衣着整洁，携带手帕。

（2）接受晨检，插放晨检卡。

（3）将衣帽脱去，放在固定的地方。

（4）完成简单劳动，如擦抹桌椅等。

2. 盥洗活动

（1）学会洗脸、洗手、漱口。

（2）养成饭前和如厕、活动后洗手习惯。

（3）如厕基本能自理。

（4）盥洗时保持地面干爽、清洁。

3. 进餐活动

（1）餐前洗手，安静入座。

（2）正确使用餐具。

（3）细嚼慢咽，不挑食、不剩饭。

（4）注意桌面、地面、衣服整洁。

（5）餐后擦嘴、漱口。

（6）自己取用点心，自己取水杯喝水。

4. 午睡活动

（1）保持安静，自己脱衣裤、鞋袜，并将其整理放好。

（2）睡姿正确，不玩物品，安静入睡。

（3）起床后学习整理床铺。

5. 离园活动

（1）收拾好玩具，整理好场地，完成教师交给的劳动任务。

（2）穿戴好衣帽，等待家长来接。

二、中班生活常规习惯养成方法

1. 环境育人法

环境育人的功能不容轻视，干净、整洁、优美的环境可以帮助幼儿形成良好的习惯。4～5岁的幼儿的思维正处于具体形象发展阶段，幼儿园教师可通过创设整洁、优美的环境，来暗示、提醒、指引幼儿表现出合适的行为。例如，在幼儿园大厅可以张贴幼儿要遵守的规则、要求，以图例解说的方式呈现给幼儿；在各区域地板上贴上小脚印，引导幼儿站立的位置；在角色区内挂适量的工作牌；将座位安排成一个圆圈，让幼儿可以看到彼此及展示的物品，同时可以起到鼓励幼儿参与的作用。以上环境创设都可以发挥环境育人的作用。

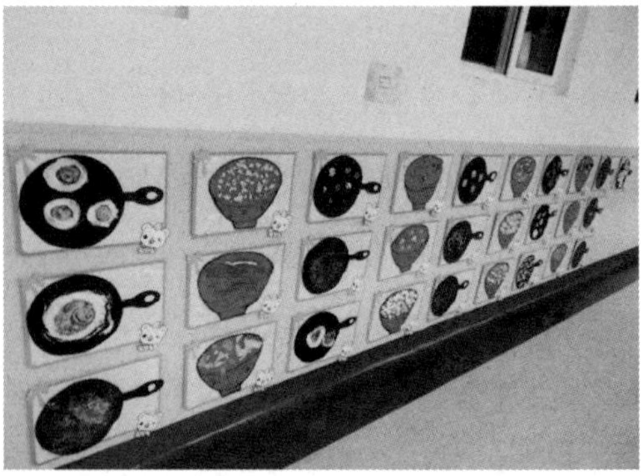

2. 榜样示范法

“榜样的力量是无穷的”。幼儿园对幼儿教育采用榜样示范法，就是要运用正面的榜样为幼儿提供正确的道德规范和行为范例，引导幼儿模仿。通俗地讲，就是改变以往单一说教的形式，以及“不准这样”“不准那样”的戒律，遵循“身教重于言教”的教育真谛，采用“以身示教”的教育方法，让幼儿在模仿榜样的言行中主动、自觉地学习。

3. 游戏法

游戏活动是幼儿园进行教育教学活动的主要途径，教师设计任何教育教学活动都离不开游戏，而幼儿正是在有趣的游戏活动中接受教育的。例如，在“娃娃家”游戏中，幼儿既可以练习穿脱衣服的顺序和方法，学习洗脸、洗手等基本生活技能，也可以因为角色的变换体验到爸爸、妈妈对他们的付出等。游戏活动既能帮助幼儿学习基本的生活技能，也起到教育幼儿懂得珍惜他人劳动成果的作用。

4. 行为练习法

行为练习法，是教育者有目的、有计划、有组织地培养幼儿良好行为举止，通过简单、重复、模仿、有意练习等训练，使幼儿养成良好的行为举止习惯的方法。例如，教师在中班开展学习叠衣服的教育教学活动，为了检验幼儿掌握情况，可以组织全班幼儿开展叠衣服比赛，看谁叠得快、叠得整齐、收尾工作做得好。这个活动既能检测教育教学活动效果，也有利于促进幼儿掌握技能，加上对收尾工作的评比，能促进幼儿养成做完事要收拾的好习惯。

5. 随机教育法

随机教育法，顾名思义就是教育者利用偶发事件对受教育者进行及时的、灵活的教育。例如，春暖花开的季节，教师带着幼儿到花园散步，欣赏各种美丽的花朵时，就可抓住真实的情景和幼儿的情趣，对幼儿进行教学活动。当幼儿对花园里的花朵啧啧称赞、满溢喜爱之情时，教师除了激发幼儿热爱大自然的情感外，还可以因势利导，引导幼儿从颜色上将花分类，然后数一数每种颜色的花有几朵；还可从花的大小、形状进行分类和计数，随着欢快的数数声，幼儿就会较容易地掌握数和分类这些抽象的概念。

以上列举了一些方法，教师可以根据实际情况进行选择。在幼儿生活习惯常规培养上，教师要注意坚持性、一贯性和循序渐进性。幼儿良好的生活习惯培养也离不开家长的配合，需要家园共同协力，同步教育。

三、中班生活常规管理的方法

根据中班幼儿年龄特点，随机的教育甚至比专门的教学活动效果更加明显，因此应该更加关注一日生活中的教育契机，随机地将生活、学习常规和习惯渗透进来。

1. 入园时

（1）对幼儿进行礼貌教育，主动与教师和家长问好和道别。

（2）培养幼儿的安全意识，知道要随爸爸、妈妈一起进幼儿园，进入班级后不能随便离开教师的视线。

2. 吃早餐时

（1）培养幼儿文明的进餐习惯，会正确使用餐具，能独立进餐。

（2）让幼儿养成爱惜粮食、不挑食的习惯。

（3）让幼儿养成良好的卫生习惯，能在餐后简单收拾桌面和餐具，会擦嘴、漱口。

3. 如厕、喝水时

（1）培养幼儿的规则意识，能够有序排队，学会等待。

（2）让幼儿知道口渴了要喝水，会取适量的水，喝完水后能将水杯放回原位。

（3）让幼儿形成良好的如厕习惯，学会脱裤子、提裤子和正确的如厕方法，学习等待、不推挤的秩序意识，女孩子小便后会正确使用手纸。

4. 做课间操时

（1）鼓励幼儿积极地参与体育锻炼，增强动作协调性及方位感。

（2）锻炼幼儿的意志品质，通过持续练习增强幼儿的体能和耐力。

（3）增强幼儿的集体观念。

5. 户外活动时

（1）培养幼儿的安全意识，提高幼儿的自我保护能力，要在教师指定的范围内活动，不随便脱离教师的视线。活动中不过度追逐、奔跑，避免摔倒。

（2）培养幼儿初步的规则意识，知道玩游戏要遵守规则。

（3）培养幼儿与同伴自由交往的能力及初步的合作能力。

6. 吃午餐时

（1）通过倾听教师介绍食谱，培养幼儿良好的倾听习惯，同时积累各种食物营养知识。

（2）让幼儿养成良好的进餐礼仪和卫生习惯。

7. 散步、午检时

培养良好的安全意识和健康的生活习惯。

8. 午睡时

（1）帮助幼儿养成良好的午睡习惯，知道不带危险物品上床，午睡时保持正确的睡姿。

（2）提高幼儿的自我服务能力，会穿脱衣物，并放在指定地方，愿意做自己力所能及的事情。

（3）增强幼儿的自我控制能力，知道午睡时不打扰他人。

9. 起床、吃点心时

（1）培养幼儿的自我服务能力，能正确吃点心。

（2）培养幼儿良好的卫生习惯。

10. 玩游戏时

（1）培养幼儿与同伴自由交往、合作的能力。

（2）培养幼儿对游戏活动的兴趣。

11. 离园时

（1）对幼儿进行礼貌教育，主动与教师和小朋友道别。

（2）提高幼儿的自我服务能力，能收拾好自己的衣服、整理好书包。

（3）培养幼儿的规则意识、秩序意识和自我控制能力，能够耐心等待家长来接，不拥挤。

练习与思考

1. 中班生活常规管理的内容是什么？

2. 如何结合中班生活常规管理对幼儿实施良好习惯养成教育？

任务三　中班教学常规管理

任务目标

了解中班教学常规管理的内容。

任务重点

结合中班教学常规管理培养幼儿良好习惯。

任务难点

结合中班教学常规管理培养幼儿良好习惯。

中班教学常规管理是保障幼儿在教学中获得知识、技能，掌握学习、做事方法，发展科学思维，形成正确态度、情感和价值观的重要环节。中班教学常规管理的内容如下。

一、幼儿园层面

幼儿园要制订学年、学期教学计划，并要求教师根据《指南》和幼儿园学年或学期教学计划，结合自己所带班级及其幼儿发展情况，制订班级学年教学计划和班级学期教学计划，并以此规范教学。

【案例】

幼儿园教育教学学期工作计划

新的学期即将来临，为保证我园教育教学工作的顺利开展，结合市教育局工作计划中有关幼儿园工作要求，特制订本学期教育教学工作计划。

一、指导思想

根据《幼儿园教育指导纲要（试行）》和《3～6岁儿童学习与发展指南》精神要求，结合幼儿园上学期工作进展情况，制订本学期工作计划。

二、工作目标

（1）进一步提高教师队伍建设质量，加快教师专业化发展进程。

（2）加强常规教育教学管理，进一步提升教育教学管理质量。

（3）继续鼓励教师进行特色化教育教学探索，总结幼儿园特色教育教学经验。

三、落实措施

1. 关于教师队伍建设

（1）加强教师职业道德规范教育，提升教师修养。

利用教师大会有计划地开展师德教育活动，开展《幼儿园教师职业道德规范》《幼儿园教师日常行为规范》教育。通过讲座、讨论、心得交流、日常办公警示等方式，时刻引领教师养成遵守规范习惯，注重提升教师个人师德修养，努力做到“为人师表”。

（2）加强教师专业技能培训，提升教师教育教学能力。

有计划地对教师开展师范技能培训，通过讲座、示范、讨论、尝试等形式，让教师在体验中学习、在学习中体验，提高教师教育教学技能，提升教师驾驭教育教学的能力。

（3）加强教师理论学习，促进教师专业化发展。

教师的专业化发展必须有理论指导。加强教师理论学习，用新理论、新理念武装教师，是教师专业化发展的必然要求。有计划地对教师开展理论培训，通过讲座更新教师理念，通过教研加强教师对新理念的理解，通过推进教改，促进教师专业化发展。

2. 关于教育教学常规管理

（1）加强教育教学研究，定期开展专题教育教学研究活动。

（2）加强对教育教学活动的管理与指导，通过听课、评课等活动，促进教师提高教育教学水平。

（3）落实保教分层管理，提高一日管理质效。根据按需施培的原则，对教师进行“小菜单式”的速成培训。加强对保育工作的检查、督促，加强跟班指导，定期召开保育员工作例会，学习保育业务知识、卫生保健常识，不断提高保育员的业务素质。

3. 关于幼儿品德习惯养成教育

（1）抓好班级管理，促进保教质量提升。加强对班级管理工作的指导，强化班组长管理意识、责任意识、分工合作意识，提高班组长管理水平。

（2）强化一日生活常规管理，细化一日生活常规要求，保障落实。

（3）加强幼儿生活常规习惯训练，重视养成教育，为幼儿良好品德形成奠定基础。

4. 关于家园合作

（1）请家长积极配合幼儿园工作，按照幼儿园一日生活常规要求训练幼儿。

（2）请家长主动与教师取得联系，配合教师监督管理幼儿。

（3）加强家园合作，提高家教园地质量。

二、教师层面

1. 注重集体教学活动的有效性

教师在组织开展教学活动中切不可唱“独角戏”，自导自演。教师在教学活动中是设计者、组织者和引导者，扮演的是“导演”的角色，考虑的是如何在短短的25分钟时间里，让幼儿获得经验，提升各种能力，使教学活动更加有效。因此，建议教师可以从以下三方面着手：

（1）深入理解教材。

提高教学活动有效性的根本途径在于教师应先钻研、理解教材，明确活动目标，确立活动重点，挖掘教育价值，选取符合教材与幼儿实际情况的活动方法。教学有法，但无定法，最合适、最有效的方法就是最好的方法。

（2）创设活动情境。

教师要创设有利于活动开展的活动情境。活动情境主要包括以下三个方面：

1）语言情境。教师要用真诚并富有情趣的语言去组织活动。教师的每一个提问语、组织语、引导语、过渡语都要精心设计。幼儿的年龄小，对于问题的理解是有限的、直观的，只有教师的语言生动、形象、具体，幼儿才能顺利地完成本次活动。良好的语言情境是上好活动课的重要因素。活动中，教师要组织富有情趣的语言情境，激发幼儿思维，使他们独立思考，让活动变得更有意义。

2）趣味情境。兴趣是最好的教师，幼儿最喜欢有趣的东西。教师应在活动中多设计些幼儿感兴趣的内容，让他们在趣味中学习，在活动中欣赏，体验新授内容。教师可以游戏活动、运动类活动、动手操作活动、手指活动为主，根据不同的情况加入不同的活动类型，贴近幼儿的生活，有利于幼儿掌握，实现活动的有效性。

3）动静结合的情境。一次好的活动应既有“动”的内容又有“静”的内容，两者结合，有利于幼儿在“动”中操作、展示，在“静”中观察、思考，让幼儿轻松自然地领会所要掌握的内容。根据不同的领域内容，把“动”与“静”的侧重点组织好，是一节好的活动设计的关键所在。

（3）合理设计提问。

在集体教学活动中，教师的提问很关键。好的提问能够有效地激发幼儿的思考和探索，能把活动引向深入。设计提问首先要考虑问题是否与主题相关；其次要考虑问题能否引发幼儿思考，激发幼儿的探索行为；最后要考虑设计的问题是否符合幼儿的实际水平或经验，问题是否有浅层次、深层次的区别，使每一个幼儿都有机会回答。

总之，关注幼儿活动的有效性，需要教师在教学实践中不断探索与研究，最终形成具有自己特色的有效活动形式。活动要围绕教材重点，从幼儿的实际出发，选择合适的活动方式组织开展，才能行之有效。

2. 开展各类游戏活动，让幼儿在玩中学、学中玩

健康、有趣、丰富多彩的游戏，不仅可以锻炼幼儿的体魄，陶冶情操，还可激发他们的想象力和创造力，培养实践能力，有效地促进幼儿从“自然人”向“社会人”的过渡。

幼儿游戏是一种复杂的活动，在教育活动中应根据需要合理安排，因时、因内容、因教材、因幼儿年龄特点灵活地运用。组织开展游戏活动要注意以下七个方面：

（1）保证游戏的时间和空间。

（2）提供丰富的游戏材料，包括不确定用途的材料，并要确保材料安全、卫生。

（3）开展多种形式的游戏活动，如智力游戏、角色游戏、语言游戏、表演游戏等。

（4）允许幼儿根据自己的兴趣选择游戏材料，但要与幼儿建立必要的游戏规则，并提醒遵守。

（5）对于不同游戏区域的每个幼儿给予关注，有目的地观察幼儿游戏的情况。对材料的使用情况、幼儿产生的疑惑、游戏区的划分等做必要的记录，并随时进行调整。

（6）在必要时介入游戏，但尽量采用间接的方式进行支持和指导，不要硬性要求幼儿如何玩。

（7）采用集体或个别的方式分享、交流游戏经验，讨论游戏中的问题，深化幼儿在游戏中获得的经验，鼓励幼儿开发有创意的玩法。

三、家园工作层面

1. 开展家长助教活动

幼儿教育在家园共同配合下才能取得成功。开展家长助教活动，促使家长参与

到幼儿教育工作中来的目的是让幼儿体验不同的教育风格，感受与家长一起学习的快乐，让家长直接感受幼儿教育的特点，更加细致地了解中班幼儿的发展情况。

2. 及时沟通，做好家教指导工作

幼儿发展状况各不相同，家长的素质、水平也大相径庭。因此教师做家长工作，帮助家长提高教育水平也要像教育幼儿一样“因人而异”，根据家长不同的性格、素质，采用不同措施。同时教师要具有敏锐的洞察力，能透过幼儿的态度、言行，察觉到家长在教育上的问题，有针对性地开展个别家长工作。

3. 开展有针对性的家长会

中班幼儿在各方面的发展进入了一个新的阶段，家长在对幼儿进行教育时也会发现，幼儿没有小班时那样乖巧听话，叛逆的心理日益显著。对此，教师应结合幼儿的年龄特点及班级情况，组织家长会，且要有针对性，用正确的观念引导家长教育幼儿。

练习与思考

1. 谈谈你对中班教学常规管理的理解。
2. 如何结合中班幼儿特点实施教学常规管理？

任务四　中班常规管理总体建议

任务目标

了解中班常规管理的原则。

任务重点

能够运用中班常规管理原则培养幼儿良好习惯。

任务难点

能够运用中班常规管理原则培养幼儿良好习惯。

幼儿园中班常规管理的内容较小班管理增多，管理要求较小班也有所提高。但不管是生活常规管理，还是教学常规管理，都要紧紧围绕幼儿良好习惯养成目标来实施。因此，中班常规管理必须坚持以下原则。

一、主体性原则

主体性原则有两层含义：第一，教师作为管理者具有自主性；第二，幼儿作为学习者具有自主权。贯彻主体性原则时应注意以下几点。

1. 教师应明确自己对班级管理的职责和权利

教师要不断地发挥主动性和积极性，结合班级幼儿特点提出班级管理措施，充分调动幼儿学习的主观能动性。

根据主体性原则，教师在设计教育教学活动时，一方面要充分以幼儿活动为主来设计游戏活动，把教育教学内容融入游戏活动中；另一方面，要充分重视教师自身在教育教学活动中主体作用的发挥，启发、引导幼儿在学习过程中学会观察、学习等方法。

2. 教师应充分了解班级的各种管理要素

管理要素不仅包括每个幼儿，也包括家长、环境设施等一切可以为教学和管理服务的资源。严格地讲，幼儿园内外任何涉及幼儿健康成长的要素都是幼儿园班级管理中不容忽视的。幼儿的良好习惯养成和健康成长离不开家庭要素的影响，离不开幼儿园要素的影响，离不开社会要素的影响。也就是说，幼儿的整个成长过程会受到来自不同方面的影响。所以，幼儿园教师在进行班级管理过程中，一定要重视这些因素给班级管理带来的积极的和消极的影响，学会借助积极因素管理班级、教育幼儿，化消极因素为积极因素。

3. 教师应正确地理解和处理自己与幼儿之间的关系

教师是班级管理的主体，幼儿是管理的对象。教师在管理幼儿时，既要发挥管理和指导作用，又要保证幼儿自主权不被“侵犯”。教师对这一点的控制和把握是十分重要的。

从管理学角度讲，管理与被管理本身就是一对矛盾。教师如何在管理班级中处理好这对矛盾，让二者既相互融合，又相互制约，这就需要教师不断提升自身素养，做到“为人师表”，重视“身教”“言教”相结合，来管理班级，教育幼儿。同时，教师必须有民主、平等的思想，充分做到尊重每一个幼儿，充分发挥幼儿自主性，鼓励幼儿参与班级管理，真正意义上让幼儿有主人翁的感觉。

二、整体性原则

整体性原则是指幼儿园班级管理应该面向全体幼儿和涉及班内所有要素的管理。贯彻整体性原则应注意以下几点：

（1）教师对班级的管理不仅是对班级整体面貌的管理，也是对每个幼儿成长变化的管理。

在实际教育教学工作中，由于经验的作用，教师在班级管理过程中往往采取“抓两头、带中间”的做法，或过分地偏爱优秀的幼儿，或一味地关注“问题幼儿”，所谓“带中间”实质上成了一句空话。这是不符合整体性原则的。

整体性原则实质上是要求教师在班级管理中，要处理好“个别”与“整体”的关系、“两头”与“中间”的关系，要努力关注到每个幼儿的成长与变化。

（2）教师对班级的管理不仅是对班级整体面貌的管理，更是对良好班风建设、发挥集体熏陶和约束作用的管理。

教师在班级管理中，应系统建设班集体管理制度，形成具有本班特点的班级风貌，并利用班级风貌教育、引导、约束幼儿的行为。

（3）班级管理不只是对人的管理，还涉及对物、时间、空间等要素的管理。

教师要全方位地运用人、物、时间、空间等要素，使每个幼儿都能参与活动、接受教育。

三、参与性原则

参与性原则，是指教师在管理过程中以多种形式参与到幼儿的活动中去，在活动中平等地对待幼儿。贯彻参与性原则时应注意以下几点：

（1）教师参与活动时应注意角色的变换，以适应幼儿活动的需要。

（2）教师参与活动时要得到幼儿的许可。

（3）教师参与活动时指导和管理要适度。

四、高效性原则

高效性原则，是指以最少的人力、物力等资源，尽可能地使幼儿获得更多、更全、更好的发展。贯彻高效性原则时应注意以下几点：

（1）班级管理目标的确定要合理，计划的制订要科学，要充分考虑到幼儿身心发展的特点，避免不必要的人力、物力等资源的浪费。

（2）班级管理计划的实施要既严格又灵活。这一点主要是针对幼儿活泼、突发状况多的特点提出的。

（3）班级管理方法的选择要适宜，管理过程中要重视检查反馈。

班级管理的主体性原则和整体性原则主要涉及管理思想，参与性原则和高效性原则主要涉及管理方法，四者关系密切，不可分割。

练习与思考

1. 中班常规管理的原则有哪些？

2. 如何运用主体性原则实施中班常规管理？

项目七　幼儿园大班管理

大班是幼儿在幼儿园学习、生活的最后一年，这一年也是幼儿完成幼儿园学习、生活，实现向小学生过渡的关键时期。因此，幼儿园大班管理至关重要。幼儿园既要把握好幼儿教育教学与小学教育教学的区别，有效完成大班的教育教学任务，又肩负着为幼儿转型打好基础的重任。换句话说，幼儿园既不能把大班课程上成小学一年级课程，又要为大班幼儿向小学生转型奠定基础。因此，幼儿园既要把握大班幼儿的身心发展特点，又要把握好教育教学内容的适宜性。

任务一　大班幼儿身心发展特点

任务目标

了解大班幼儿身心发展特点。

任务重点

能够根据大班幼儿身心发展特点实施教育教学工作。

任务难点

能够根据大班幼儿身心发展特点实施教育教学工作。

一、自我意识和自我评价能力发展

5 岁以后，幼儿的自我意识明显发展，能够初步认识到自己在班级中的位置，意识到自己的外部行为和内部活动，并形成对自我的某种看法，能够评价和支配自己的认识活动、情感态度和动作行为，逐渐形成自尊心、自信心等。大班幼儿的自我评价从依从性评价向独立性评价发展，他们不再轻信成人的评价，当成人的评价与幼儿的自我评价不一致时，他们会提出申辩。同时，幼儿的自我评价开始从个别性评价向多面性评价发展，例如，幼儿在评价自己时会说："我会唱歌、跳舞，但画画不行。"

二、自理能力和劳动能力明显提高

这一阶段的幼儿的生活自理能力明显提高。他们能选择喜欢的、适合自己的衣服，能用筷子吃饭、夹菜，也能不影响别人安静地入睡。

这一阶段的幼儿已能将劳动与游戏分开，对劳动持认真态度，关心劳动结果，也能初步理解一些劳动的社会意义。他们喜欢参与成人的劳动，在家里会扫地、擦桌子、整理自己的用品，在幼儿园里能做一些力所能及的种植、喂养、值日劳动等。在劳动中表现出一定的责任感。

三、合作意识逐渐增强

大班幼儿开始有了合作意识，他们会选择自己喜欢的玩伴，也能与三五个小朋友一起开展合作性游戏。他们逐渐明白公平的原则和需要服从集体约定的意见，也能向其他伙伴介绍、解释游戏规则。比如，在小舞台表演游戏中几个小朋友能一起分配角色、道具，能以语言、动作等进行表现，并有一定的合作水平。

四、规则意识逐步形成

大班幼儿规则意识逐步形成，他们开始学习着控制自己的行为，遵守集体的一些共同规则。例如，游戏结束了要把玩具整理好放回原处、上课发言要举手等。他们特别喜欢有规则的游戏，如体育游戏、棋类游戏等。对在活动中违背规则的行为，幼儿常常会“群起而攻之”。但这一时期的幼儿对于规则的认识还没有达到自律水平，规则对幼儿来说还是外在的，因此，幼儿在规则的实践方面还会表现出以自我为中心的倾向。

五、动作灵活，控制能力明显增强

大班幼儿的走路速度基本与成人相同，平衡能力明显增强，可以用比较复杂的运动技巧进行活动，并且还能伴随音乐进行律动与舞蹈。手指小肌肉快速发展，能自如地控制手腕，运用手指活动。例如，灵活地使用剪刀，会用橡皮泥等材料捏出各种造型等，还能正确地使用画笔等工具进行简单的美工活动。

六、爱学、好问，有极强的求知欲望

大班幼儿对周围世界有着积极的求知探索态度，他们不但爱问“是什么”，还想知道“为什么”。他们常常会提出这样的问题：“为什么月亮会跟着我走？”“鱼儿为什么能在水里游？”“电视机里的人怎么会走路、说话？”有的幼儿喜欢把玩具拆开探索其中的奥秘。他们开始对自然现象的起源和机械运动的原理等产生兴趣，渴望得到科学的答案。

七、语言的发展

大班幼儿的词汇量增加，可以掌握 300 ～ 400 个词语，对词义理解加深，语言的表达能力有较大提高。能用清楚的、连贯的语言表达自己的愿望和要求，和别人交谈时，用词较恰当，能够完整地复述较长的故事，能看图编故事，还能围绕主题编故事。同时开始掌握较为抽象的词汇，如：动物、植物、家禽、野兽等。能够做到发音正确，咬字清楚，能按语句内容调节自己的音调。不仅能熟练运用简单句，而且还会使用多种复合句，突出表现在讲述中能够用“因为……所以……”“虽然……但是……”这一类的连接词，连贯而有条理地进行讲述。

八、抽象思维能力萌发

大班幼儿的思维仍然是具体的，但明显地出现了抽象思维的萌发。能够掌握“左右”这样较抽象的概念，而不需要以具体事物作为左右的标志，并且对因果关系也有所理解。在记忆一些具体事物时，也会自动地把事物进行分类，按类别记忆。在进行有意记忆时会用多种方法，如：在“跟读数字”的测验中，幼儿一边听任务，一边默默地跟着念；在识记图片时，暗暗地手势帮助活动；在识记字形或其他不熟悉的形状时，会自行做出各种联想，使无意义的形状带有一定意义，以帮助记忆。

九、开始掌握学习的方法

大班幼儿在认知活动方面，无论是观察、注意、记忆过程，还是思维、想象过程，都有了方法。如：在观察图片时，不再是胡乱地看，而是能够按照一定方向或顺序（从上到下、从左到右）依次扫视。在注意活动中，能够采用各种方法使自己不分散注意力。如：自觉地用眼睛盯着要注意之物，用两手捂着耳朵防止杂音干扰等。能用思维解决问题，会事先计划自己的行动过程，有计划地开展行动。不仅在认知过程中能够采取行动计划和行动方案，在意志行动中也能用各种方法控制自己。

十、情绪情感的发展

大班幼儿的情绪体验日益丰富，能够体验到成人所体验到的大多数情感。此时幼儿的情感体验与社会的需要有较多的联系，并且能有意识地控制自己的感情。高级情感特别是道德情感明显发展，幼儿已能把自己的行为和行为规范相比较，产生强烈的道德体验，爱集体、爱同伴、爱家人的情感已具有一定的稳定性。情绪情感仍有外露性，但不像以前那么容易变化，不愉快的情绪有时持续时间较长。情绪情感的调节能力逐步加强，但是易冲动，也容易受各种因素的影响。能够有意识地控制自己情感的表现，如摔痛了能忍着不哭。此时，由社会需要而产生的情感也开始发展。例如，当自己的表现或作品被忽视时会感到不满，让他们照顾比自己小的幼儿时会表现得很尽职。

十一、社会交往能力提高

幼儿的合作能力、社交能力、解决问题的能力、协调人际关系的能力得到发展。能够比较自觉地按照道德规范调节约束自己的行为，建立与维持和同伴的关系。幼儿交往的主动性、目的性也有明显变化。他们更喜欢集体活动，喜欢与周围人交往，并能按自己的兴趣独立地选择玩伴和活动内容。

十二、游戏能力的发展

大班幼儿游戏的形式有了很大变化，他们开始能事先计划自己的游戏，商量分配游戏的角色，而且也能更多地理解和坚持游戏的规则。在游戏中如果发生争执，一般能用游戏规则来解决问题，而且对参加游戏的成员提出严格遵守游戏规则的要求。

游戏的内容更加丰富、复杂。游戏中可以经常出现反映社会事物的元素，如："餐厅""医院""超市"等。

幼儿玩游戏的时间延长了，往往能好几天连续做同一个有趣的游戏，且多半是集体游戏，这种游戏能反映较为复杂的合作关系，幼儿之间分工明确、目标明确，都能按自己的角色完成任务，社会性程度明显提高。

练习与思考

1. 大班幼儿身心发展特点有哪些？
2. 如何结合大班幼儿身心发展特点开展教育教学工作？

任务二　大班幼儿生活习惯的培养

任务目标

1. 熟悉大班幼儿生活习惯培养的目标。
2. 掌握大班幼儿生活习惯培养的方法。

任务重点

学会运用所学知识培养大班幼儿良好生活习惯。

任务难点

学会运用所学知识培养大班幼儿良好生活习惯。

一、幼儿生活习惯培养的总目标

（1）培养幼儿良好的作息习惯、睡眠习惯、排泄习惯、饮食习惯、进餐习惯、整理习惯等，形成健康、科学、文明的生活常规。

（2）有独立做事的意识和较强的生活自理能力，能够做到自己的事情自己做。

二、幼儿生活习惯培养的具体目标

1. 作息习惯有规律

能够比较自觉地控制自己的行为，能够独立进行睡前以及起床后的整理。

2. 如厕能自理

大小便能自理，便后能整理好衣服。

3. 饮食有节制

知道吃有营养的食物，不吃垃圾食品，能情绪愉快地进餐，不暴饮暴食。

4. 掌握基本生活技能

学会穿鞋、系鞋带、洗漱、整理生活用品等基本生活技能，保持衣服整洁。

三、培养大班幼儿生活习惯的方法

1. 科学、合理的生活制度约束

（1）幼儿园要规范幼儿的生活行为，最重要的是合理地规定他们的睡眠和饮食时间，并加以严格执行。

教师要让幼儿形成明确的时间观念，如：什么时间睡觉、什么时间起床、什么时间吃饭、什么时间玩，都要有明确规定，使幼儿“有章可循”。这样幼儿就会按照规定时间去做相应的事情，久而久之，按时作息的习惯也就养成了。

（2）幼儿园要规范幼儿生活行为，帮助幼儿养成良好的卫生习惯，要求幼儿严格执行园内卫生习惯养成标准。

幼儿园一日生活常规对幼儿的卫生习惯养成有明确的标准和要求。教师和保育员要让幼儿养成良好卫生习惯，就要认真执行这些标准和要求。如：监督幼儿饭前和结束游戏后洗手，不随地吐口水，上完厕所冲水等。

（3）幼儿园要规范幼儿生活行为，帮助幼儿养成良好的饮食习惯。严格要求幼儿执行园内进食标准。

幼儿园一日生活常规对幼儿进食也有着明确的标准和要求。教师和保育员一定要严格执行标准和要求，监督矫正幼儿饮食过程中的不良行为，帮助幼儿养成良好的饮食习惯。

对于幼儿进餐时存在的问题，如挑食、偏食、剩饭、撇饭等，教师不能过于着急处理或直接指责幼儿，要想办法引导、教育。每到进食时间，教师可以为幼儿营造一个良好的进餐环境，激发幼儿的食欲。或利用进餐前一分钟的时间给幼儿讲一个小故事，以故事人物行为来启发幼儿矫正不良行为。比如，给幼儿讲《漏嘴巴的大公鸡》的故事，用故事中“小弟弟”被小朋友称作“漏嘴巴”的情节来教育幼儿吃饭时要专心，养成良好的进餐习惯，提高进餐质量。

2. 开展多种活动，强化整理习惯的形成

习惯培养贵在坚持，但并不是所有的行为都是幼儿乐意接受的，有的一开始做得挺好，时间一长觉得不新鲜了，感到疲倦了，就不愿坚持下去了。根据幼儿的心理发展特点，通过开展丰富多彩的活动来吸引幼儿，激发幼儿的兴趣，引导幼儿重复这样的行为。这样持之以恒、一贯要求、反复强化、动力定型，最终使幼儿形成良好的整理习惯。

（1）丰富多彩的游戏。

游戏是幼儿喜爱的活动，应给幼儿创设丰富多彩的游戏活动，如“小超市”“服装店”“小吃店”“巧手坊”等，让幼儿随时都有机会在活动区参加活动，使他们养成有条理地收拾玩具、爱惜游戏材料、遵守游戏规则的习惯。经过多次重复，自然而然地、习以为常地形成与习得良好的整理习惯。

（2）整理书包和箱包。

为了让幼儿更快地适应小学生活的需要，让他们了解整理书包的重要性，幼儿在园的最后一个月，让幼儿每人带一个小书包，通过讨论的方法，说说怎样使书包里的物品摆放更整洁，总结整理书包的方式方法，学会整理书包。

为了培养幼儿自己收拾整理箱包的习惯，可以每周定期开展幼儿整理箱包活动，让每位幼儿展示自己整理箱包的成果。看一看、比一比，箱包里面的衣物是否按要求收拾好了，给按要求收拾好的幼儿奖励。在幼儿中树立收拾整理箱包的好榜样。让收拾能力强的幼儿与收拾能力弱的幼儿结对，进行一对一帮助，使收拾能力弱的幼儿尽快学会收拾整理。

（3）各种比赛活动。

幼儿园定期开展整理活动比赛，通过比赛活动来促进幼儿养成良好的整理习惯。如："看谁玩具收得快""谁能最快收拾好书包""叠被子""整理衣服""谁的床铺最整洁"等一系列比赛活动。每次比赛后，根据幼儿的表现评比"能干小小手"。比赛活动能很好地促进幼儿整理习惯的养成。

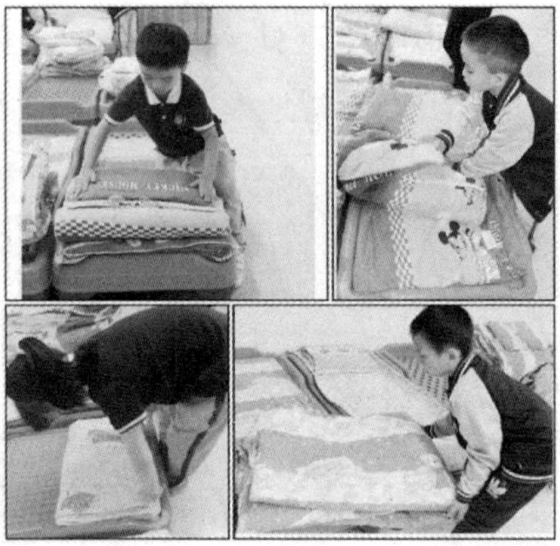

（4）互相监督。

每天安排值日生对班级中各个区域进行收拾整理，在此基础上评选出几名平时整理能力强、整理习惯好的幼儿当小组长。让他们担负起检查监督的职责，经常提醒那些平时整理习惯不好的幼儿，帮助整理能力弱的幼儿。也可让整理能力较弱的幼儿去检查其他小朋友的书包和箱包，让他们在发现别的小朋友整理得好的过程中学习，主动矫正自己的行为。通过这种互相监督的方法，幼儿整理书包、箱包的能力能得到很大提高。

（5）及时鼓励和表扬。

培养幼儿良好的整理习惯，需要经过长期的引导和教育。还要注意观察幼儿，特别是对那些个性较强、习惯较差的幼儿要耐心细致、循序渐进。对于这样的幼儿，开始时要求不能过高，发现幼儿的点滴进步要及时给予幼儿表扬，激发幼儿良好的自发行为。比如：对于进步较大的幼儿教师可采取发小红花、小爱心等奖励，让幼儿在教师的鼓励、肯定中成长。

3. 家园密切合作，培养幼儿的生活习惯

幼儿良好生活习惯的养成，不只是幼儿园和教师的责任，也是家长的责任。因此，幼儿良好生活习惯的养成教育需要家长密切配合、时时关注。幼儿园可以利用家长会、家园网、亲子活动等形式，围绕在家庭中如何对幼儿进行良好生活习惯养成展开讨论，让家长知道培养幼儿良好生活习惯的重要性，要求家长在家不要事事包办，让幼儿学会自己的事情自己做，家长应该给幼儿创造锻炼生活自理能力的机会。如：让幼儿自己整理床铺，穿脱、折叠衣裤，整理自己的房间、玩具，周日整理好自己下周一入园的箱包等。同时，要求家长以身作则，给幼儿树立榜样，幼儿在取得了一定成绩时家长要及时给予表扬，并鼓励幼儿继续保持良好的生活习惯。

教师要根据家长反映幼儿在家出现的生活习惯问题，及时进行集体或个别教育，在家园目标一致的前提下互相补充，最大限度地促进幼儿良好生活习惯养成。

练习与思考

1. 大班幼儿生活习惯培养的总目标和具体目标是什么？
2. 如何实施大班幼儿良好生活习惯培养教育？

任务三　大班幼儿学习习惯的培养

任务目标

1. 熟悉大班幼儿学习习惯培养的目标。
2. 掌握培养大班幼儿学习习惯的方法。

任务重点

学会运用所学知识培养大班幼儿良好的学习习惯。

任务难点

学会运用所学知识培养大班幼儿良好的学习习惯。

大班是幼小衔接的关键阶段，大班幼儿养成良好的学习习惯非常重要。大班幼儿面临着以游戏为主要形式的幼儿园生活向以学习活动为主要形式的小学生生活过渡，需要用很多时间去磨合衔接。要想帮助幼儿很好地完成幼小衔接工作，大班教师应该从思想和心理上及早准备，加强培养大班幼儿良好的学习习惯，为他们的小学学习生活乃至以后的人生打下坚实的基础。

一、大班幼儿学习习惯的总目标

（1）培养幼儿的学习兴趣，好问乐学。

（2）培养幼儿的注意力，爱动脑筋、勤于思考。

（3）培养幼儿遵守学习纪律，具有学习主动性、积极性和坚持性。

（4）培养幼儿学习时能与同伴互助、合作和分享。

二、大班幼儿学习习惯的具体目标

（1）熟练掌握各种学习用品的使用方法。

（2）掌握学习前的准备工作及学习后的整理工作。

（3）喜欢读书，会主动读书，知道把好书推荐给同伴，互相学习。

（4）培养幼儿的耐心、毅力，能够坚持读完一本书。

（5）知道讲话时语意明确，声音响亮，吐字清晰。

（6）培养幼儿勤于思考、好问乐学，提高主动创新能力。

（7）培养幼儿对事物的鉴赏能力以及审美能力。

三、培养大班幼儿学习习惯的方法

陈鹤琴先生说：“习惯养得好，终生受其益，习惯养不好，终生受其累。”对于马上就要进入小学的大班幼儿来说，良好的学习习惯对其今后的学习、成长和发展都会产生影响。所以，培养大班幼儿良好的学习习惯至关重要。

1. 营造良好的学习环境，充分发挥环境对幼儿学习活动的促进作用

学习环境能潜移默化地影响幼儿的情感、思维、行为、习惯以及品质的形成。良好的学习环境不仅包括优美的园所自然环境、整洁的室内学习环境、园所内和谐的人际环境和健康的舆论环境的综合，而且包括家庭的良好环境，如整洁的生活环境、家长的学习习惯、和谐的家庭关系和平等的家庭氛围等。这里专门谈幼儿园园所学习环境的创设。

（1）园所学习环境创设。

开学初对幼儿园的园所环境进行整治，更新班级走廊外的主题墙，营造开学“新气象”，让幼儿和家长来园时看到的是园所的崭新面貌，感觉到的是处处温馨、亲切。

（2）活动室学习环境创设。

班级里物品的放置井然有序，并有文字提示，让幼儿明白：拿取物品，轻拿轻放，哪里拿、哪里放；在班级主题墙上图文并茂地呈现出每个月的主题内容，有助于激发幼儿认识文字的兴趣；在园活动或自由活动中，教师可播放轻音乐或读故事，可激发幼儿对音乐的感受、对阅读的兴趣等。教师要告诉幼儿在活动室活动、学习要安静、有序。

（3）活动角学习环境创设。

在区域角和一些需要提示的地方，采用图示法代替教师的语言提示，减少不必要的喧哗；给幼儿呈现活动角学习的内容、活动的方式等，让幼儿在选择学习、参与活动中有章可循，明确学习内容与学习目标。

（4）墙面学习环境创设。

进行“今天我值日”活动，加强对值日生、小组长的指导。与幼儿一起创设主题墙，让幼儿感受到自己在学习、在进步，营造舒适的班级环境。让环境感染幼儿，从而达到幼儿园的教育目的。

2. 在丰富多彩的教学活动中培养幼儿良好的学习习惯

教学活动是实施素质教育、培养幼儿各种能力、塑造幼儿人格的主要活动形式。应以《纲要》为指导，把传授知识、激发情感、培养能力等活动结合起来。在各种教学活动中，教师要创设生动活泼、富有情趣的学习活动情境，激发幼儿主动学习、积极探索，培养幼儿良好的学习习惯。

（1）培养幼儿观察的习惯。

良好的观察力并不是与生俱来的，而是需要后天进行科学、系统的训练。教师应在幼儿园的游戏、学习过程中精心培养和训练幼儿的观察力。

1）教师要为幼儿提供观察的条件。为幼儿提供观察的条件是指提供让幼儿睁大眼睛看、竖起耳朵听、伸长双手摸的机会。教师要创造条件，为幼儿提供亲自实践的机会。学龄前期，幼儿思维的主要特点是具体形象思维比较发达，抽象逻辑思维刚开始萌芽，他们必须依靠发展得比较好的感觉器官去捕捉形象，发现事物或现象的特征。让幼儿对所要认识的事物多看看、多听听、多摸摸、多嗅嗅、多尝尝，充分调动幼儿的各种感官感受事物，使幼儿对事物的认识更为深刻。

2）培养幼儿的观察品质。当幼儿有了强烈的观察愿望时，他们有可能碰到困难：不知道如何有效地观察（有目的地看）。观察是有要求、有目标、有目的、有计划的“看的过程”，包含着多种心理品质。所以，让幼儿学会观察，养成观察品质非常重要。

3）观察的目的性和计划性是观察有收获的重要条件。教师要努力加强对幼儿观察目的性的训练。教师带幼儿去户外观察前，先用生动的语言激发幼儿对所要观察对象的强烈兴趣。如：在春天时节观察树木生长情况时，就要先给幼儿讲讲树木生长的故事。

4）让幼儿快速记住所观察事物的表面特征，训练幼儿养成按照事物发展顺序观察事物的品质是非常重要的。这就是观察顺序的训练。如：教师带领幼儿观察事物时，可以边观察边引导，启发幼儿思考：“小朋友进到自然角时，第一眼看到的是什么植物？接着又看到的是什么植物？”以此类推，随着幼儿行进的过程，持续不断地问幼儿问题，直到行进结束。这样一个观察过程，实质上就是教导幼儿学会按照行进的路线进行观察。幼儿一路走来一路回答老师的提问，无形之中学会了按照行进路线观察。这个时候，教师就可以帮助幼儿建立“观察顺序”这个概念了。可能有的幼儿并不能完全理解这个概念，但这对幼儿以后的学习是有帮助的。

同样的观察内容，教师还可以换个角度启发幼儿观察。教师可以把幼儿观察的问题，设置成以进入自然角的时间为轴，让幼儿按照进到自然角观察到植物的时间顺序来回答问题。这就是按照时间顺序观察。

5）培养幼儿观察的持久性。为保证幼儿观察所得材料的准确性、可靠性及长久性，教师需让幼儿反复观察某一事物。如：观察自然角的植物每天有什么变化。开始的第一周，幼儿因为看不到植物小苗，显得很烦躁，不愿意观察。这时，教师应该启发幼儿观察自然角的土壤、水分、阳光的特点，思考植物生长需要哪些条件，引导幼儿说出植物生长需要土壤、阳光和水。等到植物发芽的时候，教师再带领幼儿来观察，这时幼儿会发现地里有了点点绿绿的嫩芽。以后几天，教师要带幼儿连续观察，幼儿会发现，每天地里都会有小芽钻出来了，之前钻出来的小芽有的长成一片片小叶了……教师要求幼儿每天都把自己的发现记录在本子上（可以图画记录）。这个过程，就是培养幼儿持久观察的习惯，不仅让幼儿了解种子发芽的全过程，而且懂得了植物生长需要时间，幼儿从中也学会了耐心等待和持之以恒。

（2）培养幼儿倾听的习惯。

倾听，是一个重要的学习习惯，也是获取知识的重要途径。大班幼儿养成认真倾听、乐于倾听的习惯非常重要。认真倾听和乐于倾听，关键在于要让幼儿愿意听。这就要求教师讲课要言之有物，语言表达不仅要流畅，还要抑扬顿挫、富于魅力，语气要有变化。大班幼儿对语言的理解是有局限的，这就要求教师用适当甚至夸张的肢体语言教学，帮助幼儿形象地理解学习内容，避免教学枯燥、单调、乏味的问题，更好地吸引幼儿倾听。

对于容易走神的幼儿，教师要经常性地给予提醒。同时，要及时表扬那些能够认真倾听、乐于倾听的幼儿，为其他幼儿树立学习的榜样，让不善于倾听的幼儿有学习和追赶的目标。还要及时对倾听有进步的幼儿给予表扬，帮助幼儿建立倾听自信心。

其实，所有的幼儿都知道“上课要认真听讲”，但有的幼儿就是做不到。面对这样的幼儿，要下功夫观察他们在倾听中存在的问题，分析问题背后的原因，并有意识地帮助幼儿矫正。

1）坐姿端正及其作用。

坐姿不端正会分散注意力，进而影响倾听效果。教师在每次课前或活动前都要组织幼儿端正坐姿，把目光集中到教师身上。教师要在课堂或活动中随时观察，发现问题及时矫正。

提醒和矫正幼儿的坐姿不能只是简单地提出要求，而要将坐姿与健康、坐姿与学习、坐姿与成长联系起来，抓住大班幼儿萌发的上进意识、竞争意识以及渴望

“上学”、成为“好学生”的心理，引导幼儿养成良好坐姿。

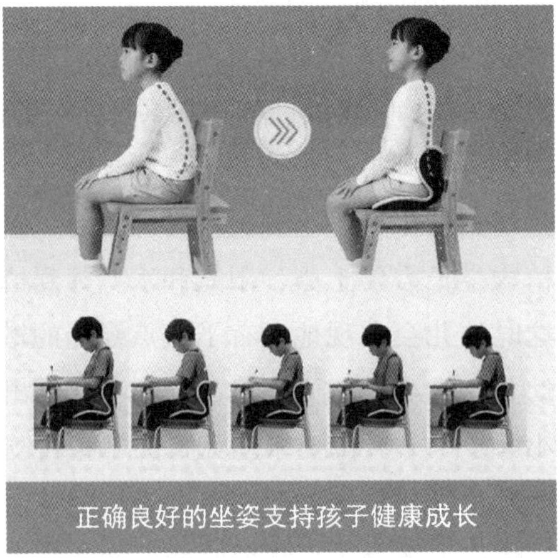

2）注意力的培养。

幼儿注意力集中能力较弱，容易走神，就会影响倾听效果。有的幼儿一开始还能注意倾听，但过一会就走神了。这是大班幼儿普遍存在的问题。从心理学角度讲，幼儿的注意力是有其发展特点的。一般来说，大班幼儿开始出现探究事物的心理，有探察一切的愿望。因此，他们喜欢东看看、西摸摸，只要是新鲜的东西都会引起他们的注意。他们的有意注意在逐步发展，但注意的稳定性比较差，易受到外界因素的干扰而分散、转移，注意力集中时间最长约 5 分钟。

因此，面对大班幼儿，教师在组织课堂教学或活动过程中，要特别注意把握幼儿注意发展的特点，尽量在幼儿注意力能够集中的时间内完成主要的教学内容。对于注意力较难集中的幼儿，教师也可以采取一些措施，帮助幼儿矫正。如：可以请幼儿复述他人的讲话内容，或复述阅读过的故事，或复述即将开展活动的要求等，以此来提醒幼儿认真倾听别人讲话。同时，教师要告诉幼儿，认真倾听别人讲话，是做人应该遵守的起码准则，也是对别人的尊重，更是提高自己学习、交往能力应该具备的基本素质。教师也可让注意力较难集中的幼儿在其他幼儿身上看到复述别人的讲话等并不是件难事，只要认真倾听、乐于倾听，就可以完成，帮助他们树立倾听的信心。

（3）培养幼儿勇于发言的习惯。

勇于发言，并不是每个幼儿都能做到的。对于教师或他人提出的问题，有的幼儿是“不会回答”，有的幼儿是“不屑回答”或“不敢回答”。

勇于发言的习惯养成，关键在一个“勇”字。教师要耐心地鼓励幼儿发言，耐心地培养幼儿勇于发言的自信心。比如：教师上课时要经常性地给那些不善于主动发言的幼儿发言的机会，并对他们的发言给予肯定与表扬。对于那些担心答错而被其他小朋友嘲笑的幼儿，教师要有意识地选择一些他们可以答对的问题让他们回答，鼓励这些幼儿勇于发言，帮助他们树立自信心。家长则要带领幼儿多参与各种各样的活动，给幼儿发言的机会，并给予肯定或矫正。如：家长可以带幼儿去博物馆，在参观过程中与幼儿交流，尽量让幼儿说出自己的感受，并且鼓励幼儿把参观博物馆的感受告诉其他小朋友。

（4）培养幼儿认真书写的习惯。

大班幼儿即将进入小学学习，需要养成良好的书写习惯，所以，幼儿园大班的教学中要加入书写习惯养成训练的内容。

1）训练幼儿养成正确的书写坐姿。幼儿书写坐姿要求：挺直腰板，双腿自然分开，双脚着地，重心平衡，胸与书桌保持一拳的距离。这个姿势要求与幼儿园平时的坐姿要求是一致的，对于大班幼儿来说并不陌生。只要教师和家长随时关注幼儿的书写坐姿，随时提醒、随时矫正，就能养成正确的书写坐姿。

2）训练幼儿养成正确的握笔姿势。大班幼儿开始学习写字，初次握笔的小手非常紧张，手中紧握的笔也不在应有的位置。大多数幼儿握笔的手距离笔尖非常近，以至于自己的眼睛根本看不到笔尖在哪里；同时，幼儿的头距离书写本非常近，几乎要“钻进”本里。以上情形，是幼儿初学写字时普遍存在的问题，教师和家长都要给予密切关注和矫正，并告诉幼儿正确的握笔姿势，要做到手离笔尖一寸，坐直挺胸，低眼不低头。

3）训练幼儿养成正确的看书习惯。幼儿刚开始看书，并不知道保持怎样的姿势才是正确的，所以教师和家长都有责任教给幼儿正确的看书姿势。要坐着看书，保持眼睛与书的距离为一尺。

书写坐姿习惯养成中的这“一拳”“一尺”“一寸”，并不是容易做到的，需要教师和家长的耐心培养和幼儿持之以恒的努力。

（5）培养幼儿阅读的习惯。

阅读习惯的养成，对幼儿成长会产生不可估量的作用。教会幼儿阅读，帮助幼儿养成良好的阅读习惯，教师和家长责无旁贷。

1）家长对幼儿阅读习惯的培养。

第一，家长要做幼儿阅读的引路人。“父母是孩子的第一任老师”，作为幼儿的第一任老师，就要给幼儿传输做人做事的道理，传授生活生存的知识技能，解答幼儿成长过程中发生的疑惑。俗话说：要想幼儿成为什么样的人，家长首先要成为什么样的人。所以，家长要想幼儿成为爱读书的人、有阅读习惯的人，自己首先就得成为爱读书的人、有阅读习惯的人，努力成为幼儿阅读的引路人。

第二，家长要成为幼儿阅读路上的伙伴。大班幼儿与家长有了更多的精神交流，他们会有好多这样那样的问题，等着家长给予解答。家长千万不要对幼儿的问题表现出不耐烦，要想办法回答孩子提出的每个问题。当遇到回答不了的问题时，家长们可以动员幼儿一起查阅资料寻找答案。这个过程正是让幼儿学会学习的过程。同样，幼儿通过和父母的共同学习，就会理解知识原来无穷无尽，要想知道“是什么”“为什么”，就得读书学习的道理。这个过程也是家长帮助幼儿树立读书、学习信念的最佳时机。读书，不仅能让幼儿获取知识，而且能让幼儿懂得许多人生道理。家长要放下身段，与孩子一起读书，以朋友的身份平等地与幼儿交流读书体会，有意识地帮助幼儿了解书中的知识，理解书中的道理，让幼儿感受到读书的魅力，从而喜欢上读书，养成读书的习惯。

第三，家长要为幼儿营造家庭读书学习氛围。家长在孩子面前应表现出爱学习、喜欢阅读的一面。家长回到家里，除了必要的家务活动外，主要的时间用来读书、看报、浏览杂志等，这样的家庭氛围培养出来的孩子一般都喜欢读书、学习。家长一定要有意识地克服不良习惯，营造良好的家庭学习氛围，让幼儿拥有一个良好的读书学习、健康成长的家庭环境。

第四，家长要支持幼儿阅读，主动为幼儿选择书籍。有的家长不具备选择好书的能力，就应主动请教教师如何选择书籍。有的家长不主张孩子读与学习无关的书籍，他们认为孩子读闲书会影响学习，不仅不支持孩子阅读，甚至成为孩子阅读的“绊脚石”。面对这样的家长，教师要给予指导，教会家长鉴别书籍，明白读书是积累知识的最好途径，“磨刀不误砍柴工”。

2）幼儿园对幼儿阅读习惯的培养。

第一，教师要营造良好读书环境，为幼儿读书提供条件。比如：在班级中设立专用图书角，摆放适合大班幼儿阅读的书刊，供幼儿随时取阅。教师可以利用图书角，有计划地组织幼儿开展“读书活动”，让幼儿相互交流读书体会，方式可以是讲故事，也可以是表演等。这一方面可以鼓励幼儿养成读书的好习惯，另一方面可以训练幼儿的表达能力。

教师要负责组织幼儿定期更新图书角的书刊，可以发动幼儿将自己喜欢的书刊与大家分享，也可以向幼儿园申请有计划地添置新书刊。

第二，教师要指导幼儿循序渐进地读书，教会幼儿正确阅读。大班幼儿即将进入小学学习阶段，激发他们的阅读兴趣，培养他们良好的阅读习惯，提高他们的阅读能力，帮助他们掌握阅读的方法，是幼儿园大班教学必须要完成的任务。首先，教师要帮助幼儿认识书，为幼儿养成科学读书习惯奠定基础。教师要告知幼儿一本书大致包括封面、前言（或出版者的话、序言等）、目录、正文等内容，要告诉幼儿它们都有什么作用。在此基础上，教师要训练幼儿养成按照书的页码顺序读书的习惯。同时，教师还要教会幼儿正确的读书方式。告诉幼儿，读每一页书的时候要按照从左到右、从上到下的顺序，只有仔细认真地连贯起来阅读，才能知道书中的内容。其次，教师在平时教学中要有计划地引导幼儿观察书中人物（或动物）的表情、故事情节等细节，以引导、启发、发问等手段，帮助幼儿理解书中所要表达的意思，提升幼儿的阅读能力和理解能力，为幼儿养成有效阅读习惯奠定基础。

第三，教师要提供合适的阅读材料供幼儿选择，培养其选择能力。教师要根据大班幼儿的年龄特点与认知水平，为幼儿提供大量的具有明确意义的、生动的、形象的阅读材料，摆放到图书角，供幼儿自由地选择阅读。给幼儿创设符合他们特点的、愉快和谐的阅读环境，让他们能无拘无束、大胆自主地学会选择，享受自由快乐的阅读时光。

第四，教师要有计划地训练幼儿的朗读能力，促进其语言发展。幼儿语言的发展，是通过“听、说、读、写”四个方面来完成的。教师可以选择轻松、简单的方式来训练、提升幼儿的语言技能。比如：教师反复朗读故事，针对不同的人物性格、情节，用不同的语气、语调来表现。同时，让幼儿模仿朗读或根据自己的理解来朗读，帮助他们理解故事情节，理解句子的结构，加深幼儿对个别字的字义理解，促进其语言的发展。

第五，教师要引导幼儿学会观察，有计划地培养幼儿语言表达能力。大班幼儿具备了一定的观察能力，教师应有意识地引导幼儿观察身边的人和事，启发幼儿用语言来描述。经过一段时间的训练和引导、启发，幼儿的观察能力、语言表达能力都能得到提升。这也是大班教育教学重点任务之一。

教师可以随着季节的变化，组织幼儿到户外观察，启发幼儿把他们观察到的人或事用语言表达出来；教师也可以利用教学用具，给幼儿看各种各样的图画、播放他们感兴趣视频，启发他们观察其中的动物、人物、情节等，鼓励幼儿用语言把观察到的内容表达出来。长此以往，幼儿的语言表达能力定会提高。

3. 细心观察，及时帮助幼儿矫正不良学习习惯

幼儿来自不同的家庭，所养成的习惯有所不同。教师要特别注意细心观察每个幼儿的习惯，及时发现不良习惯，及时给予矫正。如：幼儿升入大班，由于教育教学活动较之前有变化，有的幼儿会不适应，会表现出各种各样的情况。这时，教师就要对所有幼儿细心观察，分出哪些幼儿适应能力强、哪些幼儿适应能力弱，对班上每个幼儿的情况做到心中有数。有针对性地帮助适应能力弱的幼儿矫正不良学习习惯，尽快使其适应大班的学习活动要求。

同时，教师要经常与家长交流，要求家长积极配合矫正幼儿的不良习惯，帮助幼儿尽快融入班级的学习活动中。

思考与练习

1. 大班幼儿学习习惯培养的目标有哪些？
2. 如何培养大班幼儿良好的学习习惯？

任务四　大班幼儿礼仪习惯的培养

任务目标

1. 熟悉大班幼儿礼仪习惯培养的目标。
2. 掌握大班幼儿礼仪习惯培养的方法。

任务重点

学会运用所学知识培养大班幼儿良好的礼仪习惯。

任务难点

学会运用所学知识培养大班幼儿良好的礼仪习惯。

礼仪是人们在社会交往活动中，为了相互尊重，在仪容、仪表、仪态、仪式、言谈举止等方面约定俗成的、共同认可的行为规范 。礼仪是对礼节、礼貌、仪态和仪式的统称。

对个人来说，礼仪是一个人的个性气质、道德水平、文化修养、审美情趣和交际能力的外在表现，也可以说，礼仪是一个人的最基本素质之一。

人们在不同年龄段要遵守的礼仪规范的内容和要求是不同的。幼儿园礼仪规范主要通过幼儿一日生活进行培养和训练，是融于幼儿一日生活规则内的。

一、大班幼儿礼仪习惯的总目标

（1）培养幼儿养成良好的仪表礼仪习惯——面容整洁、衣着得体、发型自然、仪态大方。

（2）培养幼儿养成良好的餐饮礼仪习惯——讲究卫生、爱惜粮食、节俭用餐、食相文雅。

（3）培养幼儿养成良好的言谈礼仪习惯——用语文明、心平气和、耐心倾听、诚恳友善。

（4）培养幼儿养成良好的待人礼仪习惯——尊敬师长、友爱伙伴、宽容礼让、诚信待人。

（5）培养幼儿养成良好的出行礼仪习惯——遵守交规、礼让三先、扶老助弱、主动让座。

（6）培养幼儿养成良好的观赏礼仪习惯——遵守秩序、爱护环境、专心欣赏、礼貌喝彩。

（7）培养幼儿养成良好的游览礼仪习惯——善待景观、爱护文物、尊重民俗、恪守公德。

（8）培养幼儿养成良好的仪式礼仪习惯——按规行礼、心存敬畏、严肃庄重、尊重礼俗。

二、大班幼儿礼仪习惯的具体目标

1. 幼儿园礼仪

（1）上幼儿园穿戴干净、整齐，主动与教师和小朋友问好。

（2）主动参与班内劳动，如擦抹桌椅等。

（3）积极参加早锻炼，主动进入活动场地，站队迅速，不拥挤。

（4）上课或参加活动时保持正确坐姿，有良好的倾听习惯，发言要举手。

（5）出操时按照要求集合，控制行走节奏，跟着旋律做操，注意力集中。

（6）升国旗时立正，注视国旗，行注目礼，不说话。

（7）参加集体活动时跟大家一起玩，不单独玩。

（8）见到客人进班，主动问好。

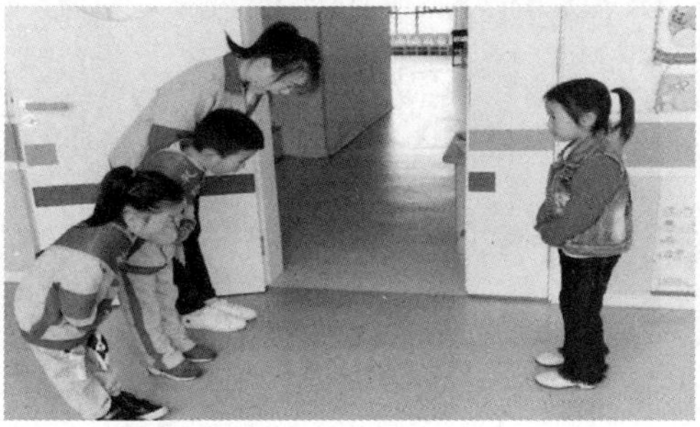

2. 家庭礼仪

（1）正确接打电话。会用“您好”“请问您找谁”“请稍等一下”等礼貌用语。语气平和、音量适中、自然大方。

（2）有礼貌地接待客人和到别人家做客。客人来时，协助大人做一些力所能及的事。知道在别人家做客时应注意的礼节，学说“请回”“请留步”“不用送”等礼貌用语，并知道对主人的招待表示感谢。

（3）尊重长辈。和长辈说话有礼貌，有求于家长时要懂得用礼貌用语。自己的不合理要求遭到拒绝后，学会控制自己，不与家长无理取闹。

3. 公共场所礼仪

（1）知道按顺序排队是一种文明行为。遇到他人有急事时，可让出自己的位置让他人先行。

（2）知道如何正确乘坐公交车等交通工具。主动刷公交卡，按顺序上下车，不挤不推，礼让老弱病残孕。不打闹，不喧哗，不向车外丢东西、吐痰，不脱鞋，不蹬座位，不在车上吃东西，下车提前准备。

（3）在公共场所不喧哗、不打闹、不追逐、不游戏。

（4）遵守餐饮文明规定。

4. 其他礼仪

（1）在初次见面时主动与客人打招呼，并自我介绍和介绍他人，表情自然，声音洪亮，语速适中。

（2）别人在讲话时，不打断、不插话。需要打断别人讲话时，等别人说完一句话后再说“对不起，打扰一下”，在别人允许的情况下说出自己的事情。

（3）女孩穿裙子入座时，先收拢裙裾再坐下；拾取地上的物品时，走近物品后单腿下蹲，上体前倾，拾取物品。

（4）征询对方同意后才能使用别人的物品，借物品时使用礼貌用语。借来的物品要爱惜，避免弄坏，用后及时归还。

（5）正确使用不同的手势来表达不同的意思，如鼓掌、指示方向、举手等。

（6）与人交往时多用礼貌用语，知道在何种情况下运用“对不起”“没关系”。

三、培养大班幼儿礼仪习惯的方法

1. 发挥教师的表率作用，对幼儿进行礼仪教育

幼儿园里，幼儿对教师的崇拜心理使得他们非常愿意模仿教师的各种行为，所以，教师要自觉“为人师表”，举止端庄、语言文明。将“请”“谢谢”等文明用语融入教育教学活动和日常中，让幼儿在和教师的相处中耳濡目染，养成文明礼仪习惯。

2. 注重日常生活中潜移默化的礼仪教育

教师要特别重视在日常生活中的随机教育。如：晨间接待和离园时对幼儿进行文明礼仪用语教育，教育幼儿清楚大方地说出“老师早”“老师好”“老师再见”；

参与活动过程中得到帮助时说“谢谢”；在有求于他人帮助时说“请”“麻烦您”；组织幼儿玩滑梯时，教育幼儿“上下请排队”；不小心碰到小朋友时说“对不起”；在活动中有人摔倒，及时把他扶起来；等等。让幼儿懂得在人际交往中互相尊重、互相谅解、谦虚恭敬的道理。

同时，还可以利用节假日活动对幼儿进行文明礼仪教育。如：在“母亲节”“父亲节”时，开展“我为妈妈做一件好事”“我对爸爸说一句感恩的话”等活动，让幼儿在做好事的过程中体验父母的辛劳，创设活动情景，让幼儿说出“谢谢妈妈！谢谢爸爸！”“妈妈、爸爸辛苦了！我爱你们！”等，让幼儿在活动中学会关爱、孝敬和感恩父母。

3. 家园共育，充分发挥家长“第一任老师”的作用

文明礼仪教育仅靠幼儿园是远远不够的，园内教育要与家庭教育紧密结合起来，共同为幼儿搭建健康成长的家园。要充分发挥家长的作用，让家长当好“第一任老师”，让幼儿能在家长那里终身受益。

幼儿园有计划地向家长宣讲大班文明礼仪要求，邀请家长交流讨论对文明礼仪的理解和对幼儿实施教育的经验。建立教师家长微信群，每周组织家长交流对孩子实施文明礼仪教育的情况。开展“文明礼仪家长活动月”等系列活动，促进家长养成向幼儿问候回礼的习惯，评选出“文明礼仪优秀家长”，营造共创讲文明、讲礼仪的良好氛围，促进家长和幼儿共同养成文明礼仪习惯。

练习与思考

1. 大班幼儿礼仪习惯的目标是什么？
2. 如何培养大班幼儿良好的礼仪习惯？

任务五　大班幼儿安全意识和自我保护能力的培养

任务目标

1. 熟悉大班幼儿安全意识和自我保护能力培养的目标。
2. 掌握大班幼儿安全意识和自我保护能力培养的方法。

任务重点

学会运用知识培养大班幼儿安全意识和自我保护能力。

任务难点

学会运用知识培养大班幼儿安全意识和自我保护能力。

幼儿的安全意识和自我保护能力非常有限，而安全意识和自我保护能力水平，直接关系到幼儿能否健康成长。因此，幼儿园的安全教育重于泰山。

大班幼儿毕业后就要上小学，幼儿必须学会独立判断、独立行动，必须树立安全意识，学会更多的自我保护技能。

一、大班幼儿安全意识和自我保护能力培养总目标

（1）培养幼儿安全意识和自我保护能力，了解生活中的安全标识。

（2）了解身体主要器官的功能及重要性，懂得自我保护常识。

（3）养成集体活动的规则意识，了解户外活动中的自我保护方法。

二、大班幼儿安全意识和自我保护能力培养的具体目标

1. 安全意识

（1）认识常见的安全标识，如交通安全常用标识等。

（2）学习并遵守交通规则。

（3）知道不玩火、不接触煤气、不接触电器开关、不携带或玩弄危险性物品。

（4）知道上下楼梯靠右行，不拥挤、不打闹、不嬉戏等。

（5）知道离家离园时主动向家长和教师打招呼。

（6）知道不与陌生人搭讪。

2. 自我保护能力

（1）知道遇到危险时要尽快告诉成人。

（2）知道各种意外发生时的逃生方法。

（3）知道正确使用工具，避免锐器造成伤害。

（4）了解身体主要器官的功能及重要性，并了解简单的保护方法。

三、培养大班幼儿安全意识和自我保护能力的方法

1. 创设安全、宽松、自由的环境，发挥环境的教育作用

幼儿园是幼儿除家庭外最为熟悉的环境，幼儿园在保证环境及其设施安全的同时，环境创设的内容要符合幼儿年龄特点和发展需要，让幼儿在与环境的互动中获得学习与发展，发挥其“无声老师”的教育作用。

（1）教师每月要根据班级安全主题教育活动，组织幼儿参与创设班级“安全角”环境的活动，让幼儿在收集资料（图片、自制主题画、小常识等）、参与绘画与制作的过程中，增长安全知识，树立安全意识。

（2）教师要鼓励幼儿观察、发现日常环境中的安全问题，如：交通安全问题（行人过马路闯红灯、突然窜到马路中间等）、餐饮安全问题（餐饮用具安全、食品安全）等，组织幼儿讨论如何应对这些问题，教会幼儿养成安全意识，遵守安全规则。

（3）教师在创设和布置安全教育环境时，可用图片、壁画、文字小提示等环境布置，提醒幼儿注意安全。如：盥洗室贴有“正确洗手六步法”，卫生间贴有“小心滑倒”的图片；楼梯上做好上行、下行标志；利用墙面根据每月安全教育内容粘贴安全小标识等，让幼儿在与环境的互动中丰富安全知识，树立安全意识，争当“安全小卫士”。

2. 在一日活动中渗透安全教育，培养大班幼儿安全意识与自我保护能力

大班的一日活动主要包含生活、游戏、集中教学几个部分，这里主要针对易于产生安全问题的生活和游戏环节进行阐述。

（1）生活环节。

幼儿一日活动中包括来园、活动、午餐、午睡、离园等环节，这些环节中都有可能发生安全问题。教师要善于利用偶发事件，抓住教育契机，组织幼儿讨论交流，开展“五分钟安全教育活动”。如：入园时不在园内、班内跑，不带危险物品来园；吃午餐的时候要排队领餐，两只手拿餐具，靠右边走等。

幼儿园要通过园内安全教育平台（如广播、微信、网络等），经常性地对幼儿展开安全教育活动，在培养幼儿安全意识的过程中提升幼儿自我保护意识和自我保护能力。

（2）游戏环节。

游戏环节相对于集中教学环节更开放，包含户外、区角、创造性游戏等，这里重点讲户外游戏中安全意识与自我防护能力的培养。

户外活动中，游戏材料开放、多元，幼儿经常创造性地与材料、同伴互动，在学中玩、玩中学。

教师一方面在幼儿活动过程中加强监管、提示、保护；另一方面要通过视频回放的形式，抓住幼儿游戏活动中的典型事件，启发、引导幼儿自己发现游戏活动中存在哪些危险因素（显性的和隐性的），思考有哪些预防措施可以避免安全隐患。

3. 整合安全教育资源，有计划地融安全教育于教育活动中

安全教育内容广泛、资源丰富，如果不能有效地整合安全教育资源，安全教育就会显得纷乱繁杂，甚至让幼儿无从入手，尤其是各方面能力较弱的幼儿。因此，幼儿园对幼儿进行安全教育时，一定要整理教育内容，整合教育资源，根据幼儿年龄、能力，将不同的教育内容融入各领域活动和游戏中，潜移默化地培养、提高幼儿的安全意识与自我保护能力。

（1）在游戏中树立安全意识，学会自我保护。

游戏中的情境表演，能将生活中的情境再现在幼儿面前，这种直观、形象、具体的游戏表演，有助于幼儿判断、理解、掌握所学内容。所以，利用游戏活动对幼儿展开安全教育，是非常好的一种方法。

【案例】

小熊请客

教师指导大班幼儿进行游戏《小熊请客》表演时，就要针对游戏中的“狐狸来做客”这个情节设计表演内容，将安全教育内容融进游戏中。教师可以将原有版本中“小动物们将狐狸赶跑”的简单情节，修改为“与狐狸周旋，保证自己不被狐狸吃掉”的情节，并且告诉幼儿在整个游戏活动中没有教师和家长的帮助，只有靠小朋友们自己来解决遇到的危险，请小朋友们想一想，遇到这种情况应该怎么做才能让自己脱离险境。

在这样的情境中，有的幼儿表现出惊慌、手足无措的样子，有的幼儿说“这下完了”，有的幼儿说“与狐狸拼了”，也有的幼儿表现得非常镇定，按照

教师的要求积极思考与“狐狸”周旋的办法——“先跟其他小朋友们商量好，让他们哄着狐狸玩，我跟狐狸说，让它耐心等着，给它取好吃的东西去，趁机跑出去叫人”“哄它说，带它去好玩的地方，把它领到派出所或人多的地方”……幼儿七嘴八舌，说了好多办法来应对“狐狸”。这时，教师要充分肯定幼儿的办法，并启发、引导幼儿思考：小朋友们的办法很多，那么，哪些做法可取？为什么？在幼儿广泛讨论后，教师要给出正确的评价。在这样的情景游戏中，幼儿既学会了合作完成任务，又学会了机智处理危机；既懂得了遇事冷静不慌，又认识到了遇到危险不能蛮干或坐以待毙。

教师还可以收集日常生活中存在的许多安全问题，分类整理并设计成各式游戏，充分创设游戏情境，让幼儿在玩中学，获得规避危险的经验。如：利用区域游戏“交朋友”，让幼儿记住自己的家庭住址、父母及家人的联系电话等，让幼儿在遇到危险时，能够正确求助家长；利用“安全拼图”游戏，让幼儿在拼图过程中掌握安全知识，破译安全密码，掌握生活中必备的急救电话，如：119、110、120 等，让幼儿在遇到危险的时候懂得拨打这些电话求助。这些游戏的设计，让幼儿在区角活动中既体验了游戏的快乐，又学习到安全知识和安全技能，有助于提高幼儿自我保护的能力。

（2）问题引领，拓展幼儿思维，提高幼儿自我保护能力。

大班幼儿具有较强的语言表达和自主解决问题的能力，生活经验日趋丰富，逻辑思维能力日趋加强，已经具备围绕问题展开讨论的能力。所以，教师在平时教学中要以安全问题教育为引领，启发幼儿思考并展开讨论，让幼儿在思考与讨论中获得知识和经验。

【案例】

下雨打雷都不怕

在学习儿歌《下雨打雷都不怕》时，教师可以请幼儿思考：遇到打雷、闪电时应该怎么办？在幼儿思考的基础上，教师给幼儿留出充分的讨论时间，让幼儿说出他们的应对办法。有的幼儿说“将家里的电源关掉，不看电视，不玩电脑，不用热水器洗澡”，有的幼儿说“不开窗”，也有的幼儿说“不站在墙边或屋檐下”……这时候，教师总结幼儿答案并给出正确答案，引导幼儿进一步思考：如果下雨打雷的时候，你和妈妈正好在路上时怎么办？给幼儿短暂的讨论时间，请大家说出自己的办法。有的说“撑起雨伞，赶紧回家”，有的说“进到路边小店，躲避一下，等雨小了再走”……对这些引申问题的讨论，虽然远远超过了儿歌教学的内容，却是日常生活中经常发生的、幼儿将来有可能遇到的问题。大班幼儿通过对这些问题的讨论，既能推进幼儿间已有知识和经验的相互交流，又有助于开阔幼儿思考问题时的思维宽度，同时，启发幼儿学会将已有知识和经验推广到学习和运用新知识、积累新经验中。

4. 家园共育，为幼儿健康成长保驾护航

家庭是幼儿园教育的重要合作伙伴，在培养幼儿安全意识与自我保护能力方面，家园共育起着不可或缺的作用。

（1）幼儿园安全教育的实施与落实，需要家长的密切配合和支持。

教师应积极主动以多种形式的与家长交流。如：利用“安全之窗”展示安全教育内容，通过家访、给家长的一封信、安全讲座、知识竞赛等广泛宣传安全知识，让家长充分了解幼儿园关于安全教育的所有活动与安排。引起家长对幼儿安全的充分重视和积极配合，增进家长对幼儿园安全教育工作的了解。

（2）家庭安全教育是幼儿园安全教育工作的延续。

相对于幼儿园的集体教育，家庭作为个别教育园地，能够为幼儿学习安全知识和技能提供更为贴合的教育。家长要改变“全能代劳”的“绝对保护”观念，大胆放手，让孩子自己完成力所能及的日常生活学习任务，培养孩子独立生活、独立学习能力，学会生活自理、学习自理中所需要的基本安全技能。如：在日常生活中，家长教会幼儿安全使用日用工具、安全地整理房间、安全地给手机充电等；家长还可以在家中和幼儿一起玩安全情景游戏“一个人在家”“我是小小交通警察”等，在游戏中既能增进亲子交流，又能帮助幼儿增强安全意识，学会自我保护。

5. 发挥社区的力量，为幼儿安全意识的养成提供保障

社区中的安全教育资源，可以成为幼儿园安全教育的平台。幼儿园在实施安全教育过程中，要充分挖掘社区安全教育资源，形成教育合力。如：参观消防队、请社区内的派出所干警为幼儿做校园安全知识讲座等。在这些活动中，幼儿通过亲身体验、参加小游戏、阅读宣传画册等形式，积累安全知识和经验，树立安全意识，提高自我保护能力。

【案例】

消防安全教育演练

幼儿园利用每个学期开展的消防演练，让幼儿掌握火灾发生时必备的逃生常识，逐渐掌握火灾中逃生的技能。在消防演习前，幼儿园邀请消防员给幼儿边演示边讲解火灾逃生常识和技能，教师协助组织幼儿讨论：如果家里突然着火了，应该怎么办？面对这个问题，幼儿会说出一系列行为：拨打 119 求救、用水灭火、逃离火场……教师请消防员针对幼儿说出的一系列行为进行“条件评价”，告诉幼儿“什么情况下可以拨打 119 电话”“什么情况下可以取水灭火”“什么情况下选择逃离，怎么逃离”……

在消防演练中，教师要一边组织幼儿完成“报警”“灭火”“逃生”“撤离”等动作，一边要仔细观察每位幼儿是否正确运用了火灾逃生常识和技能。演练结束后，教师要组织幼儿讨论：火势迅猛（大火且自己没有能力灭火）的情况下，首先应该选择安全离开火场，还是选择报警？在幼儿充分讨论的基础上，教师要告诉大家，首先应该选择安全离开，再报警。

幼儿在每次消防演练的时候，都要经历这些问题的讨论，找到正确的答案。久而久之，必然会在亲身体验中习得知识和技能。

练习与思考

1. 大班幼儿安全意识和自我保护能力的培养目标是什么？
2. 如何培养大班幼儿自我安全意识和自我保护能力？

任务六　大班幼儿品德的培养

任务目标

1. 熟悉大班幼儿良好品德培养的目标。
2. 掌握大班幼儿良好品德培养的方法。

任务重点

学会运用所学知识培养大班幼儿的良好品德。

任务难点

学会运用所学知识培养大班幼儿的良好品德。

苏霍姆林斯基说过，从儿童懂事的初期就应该让公民的品质在儿童心灵中形成、树立和巩固起来，公民意识和公民情感源于儿童时代。播在儿童心灵中的一粒小小的种子，会生出茁壮的幼芽，长出深根。可见，一个人品德形成在幼儿期就已经开始了。所以，幼儿园时期的品德教育非常重要，能为一个人一生的良好品德奠定基础。

一、大班幼儿品德培养的总目标

（1）培养幼儿爱父母长辈、教师和同伴。

（2）培养幼儿爱集体、爱家乡、爱祖国。

（3）培养幼儿主动地参与各项活动，有自信心。

（4）培养幼儿努力做好力所能及的事，不怕困难，有初步的责任感。

（5）培养幼儿尊重、真诚、友善的优秀品质。

二、大班幼儿品德培养的具体目标

（1）懂得尊敬国旗，熟悉国歌，知道幼儿园每周升国旗活动的教育意义。学会升旗时立正行注目礼。

（2）对人有礼貌，不说粗话，和他人友好相处。

（3）学会谦让，愿意学习同伴的优点，为同伴的进步感到高兴，乐意帮助有困难的同伴。

（4）知道克服恐惧心理，不隐瞒自己的过错，讲实话，做错了事主动承认，勇于改正错误。

（5）遵守公共场所规则，爱护公物。

（6）具备一定的条理性处理生活事物和独立生活的能力，养成自己的事自己做的习惯。

（7）知道“妇女节”“植树节”“儿童节”“劳动节”“教师节”“中秋节”“国庆节”“重阳节”“元旦”“春节”等节日的来历及意义。

（8）懂得尊重父母、教师和长辈，主动帮助他们做力所能及的事，愿意参加家务劳动和社会公益活动。

（9）知道珍惜自己和别人的劳动成果。

（10）愿意为班级做事，做好值日并帮助有困难的同伴。

三、培养大班幼儿品德的方法

1. 创设适宜的教育环境，在潜移默化中影响和感化幼儿

（1）良好的环境对幼儿良好品德的形成具有潜移默化的作用。

环境育人的功能是不容忽视的。幼儿园要注意为幼儿成长创设良好、和谐、美观的人文环境，包括物质环境和精神环境。幼儿的好奇心很强，这会驱使他们去探究自己所处环境中的人和事，他们想知道幼儿园内所有的“秘密”。这就要求幼儿园的物质环境创设要丰富多彩，有利于幼儿健康成长。同时，由于幼儿对老师有一种天然的崇拜心理，所以他们会有意无意地模仿老师的所有言行，这就要求教师提升修养，做出表率。良好的教育环境，友善的人际关系，修为高雅的育人之师，都是为幼儿形成良好品德必不可少的“育人环境”，这些因素都会对幼儿品德培养起着潜移默化的作用。

（2）和谐、平等、民主的氛围对幼儿良好品德的形成具有重要作用。

尊重幼儿，和幼儿平等相处，为幼儿创设和谐、平等、民主的成长环境，对于培养幼儿的自尊心、自信心以及良好的人际交往能力，形成良好品德都有积极作用。无论教师还是家长，平时和幼儿相处时都应该学会尊重他们，学会耐心倾听他们的意见，态度温和地认真回答他们提出的问题，让幼儿感受到自己与大人之间的民主、平等关系。和幼儿说话要讲文明、讲礼貌，有意识地使用文明礼貌用语，指出幼儿的某些不妥言行。在这种相互尊重、平等相处、民主协商氛围中成长起来的幼儿，就会在尊重中学会尊重，在平等中学会平等，在文明礼貌中学会文明礼貌。

2. 采用多种形式，寓品德教育于幼儿一日活动之中

幼儿良好的个性品德培养，是通过幼儿园的全部教育活动实现的。幼儿园的一日生活活动就是最好的品德教育途径。

（1）坚持幼儿园一日生活常规教育，融品德教育于日常生活习惯养成中。

一个人良好的品德正是在良好生活习惯中形成的。如：幼儿园要求幼儿轮流完成值日工作，正是在培养幼儿掌握劳动技能中形成“爱劳动”的品德；幼儿园组织幼儿进餐时要求幼儿吃多少盛多少、不剩饭、不撒饭、不倒饭，让幼儿在就餐过程中懂得粮食来之不易，形成珍惜粮食的品德；幼儿园组织幼儿玩“过家家”的游戏，让幼儿在扮演不同角色中体验父母的艰辛，感受父母的不易，从而形成孝敬父母长辈的品德；幼儿园组织幼儿在自然角和动物角活动中观察动植物生长，从而懂得生命成长需要呵护，形成珍惜生命、热爱生命的品德。

（2）牢记“教书育人”职责，融品德教育于各类教学活动中。

如：在健康教育活动中，教师不仅要教会幼儿运动技能，还要组织、鼓励幼儿反复练习，直到完全掌握。幼儿在学习、训练的过程中，也学习了克服困难、坚持到底的精神。幼儿吃苦耐劳、不怕困难、持之以恒等品质正是在这种不断训练中形成的。

在幼儿园组织的国庆活动中，幼儿能习得关于祖国的知识，激发爱国热情和民族自豪感。在幼儿园组织的运动会中，幼儿会在比赛中习得比赛规则，学会坚持，学会享受胜利，学会面对失败，学会与人交流，进而形成勇于面对、尊重他人等品德。

3. 重视家庭教育，融品德教育于家园共育活动之中

父母是孩子的第一任老师，也是孩子的终身老师。幼儿良好品德的形成，很大程度上取决于父母对他的影响和他所接受的家庭教育。因此，幼儿园在对幼儿进行品德教育的过程中，一定要主动与家长沟通，取得教育理念、教育行为等方面的一致。幼儿园可以结合家长普遍存在的育儿问题，通过家长学校、家长会等形式，向家长宣讲幼儿园教育理念。也可根据不同幼儿的不同情况进行家访，在充分了解幼儿生活成长的家庭环境过程中，帮助家长矫正育儿过程中的一些不当方法与行为。还可以利用开放日，请家长参与到幼儿园教学与活动中来，让家长认识到孩子的品德教育的重要性，有针对性地向家长介绍一些家教知识，使家长与教师取得一致，相互配合实施教育。

练习与思考

1. 大班幼儿品德培养的目标有哪些？
2. 如何培养大班幼儿良好的品德？

任务七　大班常规管理存在的问题及矫正措施

任务目标

1. 了解幼儿园大班常规管理中存在的问题。
2. 掌握幼儿园大班常规管理存在问题的矫正措施。

任务重点

能够针对幼儿园大班常规管理存在的问题采取有效的矫正措施。

任务难点

能够针对幼儿园大班常规管理存在的问题采取有效的矫正措施。

一、幼儿园大班常规管理中存在的问题

1.“急功近利”导致幼儿园大班常规教育出现“小学化”倾向

幼儿升入大班后，面对即将升入小学的压力，家长的需求随之发生改变。绝大多数家长担心孩子进入小学学习会“输在起跑线上”，就想方设法把自己的要求通过各种渠道不断地“输送”给幼儿园。面对这些家长“拔苗助长”式的要求，幼儿园迫于生源的压力，往往会调整或部分调整幼儿园大班教育教学计划，提前介入小学教育教学的内容。

幼儿园“小学化”主要表现为以下几点：

（1）幼儿园放弃或调整大班课程结构，提前介入小学教育教学内容。

《纲要》要求，幼儿园教育教学内容以“五大领域”为主。《指南》也明确提出幼儿各年龄段“五大领域”教育教学的不同教学目标与要求。幼儿园本应按照《纲要》和《指南》要求实施教育教学，但迫于家长的要求，不得不放弃或调整大班教育教学内容，提前介入小学教育教学内容，教师不得不带领幼儿进入“跳跃式”学习状态，而绝大多数幼儿根本无法适应这种状态，其结果是幼儿还没有真正进入小学学习，就对上学产生了厌恶和恐慌的情绪。

幼儿园大班教育“小学化”的危害极其严重。从教育教学内容角度看，造成了教育教学资源的重复与浪费；从教师成长角度看，幼儿园大班教师缺少了完整的大班教育教学过程的经历，其成长是残缺的；从幼儿成长角度看，直接造成幼儿成长阶段的缺失，不仅破坏了幼儿成长过程的完整性，而且很可能使幼儿在学习方面出现“夹生饭”，致使幼儿在小学一年级面对学习内容“似曾相识”又“似懂非懂”，无法静下心来达成重新认知的状态，导致孩子的学习最终还是“输在起跑线上”。

因此，幼儿园大班“小学化”无论对幼儿园教育还是对小学教育，无论对幼儿还是对教师，都有着极其严重的危害。

（2）幼儿园放弃或调整幼儿园教育教学模式，采用小学教育教学模式。

《纲要》和《指南》都一再强调，幼儿园教育要以“游戏为基本活动”，“幼儿的学习是以直接经验为基础，在游戏和日常生活中进行的”。而幼儿园大班教育“小学化”，直接改变了幼儿的学习模式和学习习惯，这对幼儿健康成长是非常不利的。如：本应以游戏为基本活动形式的幼儿园教育，突然变为规规矩矩地坐在小椅子上听老师讲课的模式；幼儿园放学后以玩为主的习惯性模式，突然变为放学后必须完成作业的模式……于是，有的幼儿便会养成边玩边写作业的不良习惯，有的幼儿养成写作业磨磨蹭蹭的不良习惯，甚至还有的幼儿养成必须在家长陪伴才写作业的不良习惯等。

幼儿从幼儿园毕业进入到小学一年级学习，要经历一个暑期。这两个月的暑期安排不是无缘无故的，而是要家长和幼儿在这两个月的暑期中做好上小学的所有准备。因为，上小学对幼儿成长和家庭教育来说都是一个转折期。这个转折期的主要角色就是幼儿和家长。如果家长能够理性地帮助幼儿顺利度过转折期，幼儿就能更好地适应小学阶段的学习和生活。

2.“教育教学目标不清”导致幼儿园大班常规教育出现“形式化”倾向

教育的本质是通过教学实现教育的功能，立德树人是教育最终要达成的目标。这就需要幼儿教师有踏踏实实的工作作风，按照《纲要》和《指南》的要求完成所有教育教学任务，以保障幼儿完成“学业”的同时，在心理上获得成长，合格“毕业”。

面对大班幼儿，幼儿园组织任何活动时，都要非常清晰活动的目标，非常清楚组织活动过程中实现目标的途径，活动结束后检查反思是否达成了活动目标等。而不是“为活动而组织活动”，把目标甩到脑后置之不理。

有些幼儿园及教师没有真正弄明白“五大领域”落实到每节课、每次活动的教育教学目标是什么，在整个教育教学活动设计过程中只是根据以往的经验，盲目地把整节课的内容以“活动”的形式展示出来，教育教学表现手法“花里胡哨”，整节课（活动）中教师和幼儿玩得热热闹闹，可活动结束后，不仅幼儿想不起来在这次活动中究竟学到了什么，就连教师自己也说不清楚自己的活动设计到底要实现什么目标、怎样实现目标。

这种“目标不清”的教育教学设计往往流于形式。这种表面上非常吸引眼球，但实质上没有效果的活动，不仅没有实现教育教学目标，而且还会对幼儿的习惯培养产生不良影响。如：教育教学中存在的“教归教、学归学”的问题，即教师没能做到有意识地引导幼儿将所学知识技能运用到生活实践中去，以解决生活中遇到的问题。

3.“毕业汇报准备”导致幼儿园大班常规教育出现“散漫化”倾向

大班幼儿即将毕业，幼儿园关于大班教育教学质量成果宣传活动比较多，这是幼儿园向家长和社会汇报孩子入园三年来的成长和变化，也是向社会和家长展示幼儿园的教育教学成果，为秋季招生工作做一次有效宣传。这本无可厚非，但幼儿园在成果展示活动的准备和开展过程中忘记了教育教学目标的达成，忽略了对大班幼儿正常的常规管理和教育，使大班幼儿行为等方面表现出松懈和散漫的倾向。

4.“大班幼儿自理能力增强”导致大班教师搭班出现问题

大班幼儿各方面的能力都有很大的提升，具体表现为：基本有能力自理生活，可以自己擦桌椅、接水喝、穿脱衣服等；有能力对是非进行独立判断；当幼儿之间发生矛盾时，会非常旗帜鲜明地发表自己的看法。

因此，教师会把大班教育教学活动的重心放在幼儿学习能力与习惯的培养方面；保育员也容易放手让幼儿自己解决生活需求，忽略对他们的细致服务和管理。问题也就是在这个过程中发生了，如：教师和保育员因为过分地信任幼儿的能力，不再像对小班幼儿一样无微不至地照顾大班幼儿，导致幼儿发生安全事故。大班幼儿有了自主选择的能力，会很好地表达自己的诉求，也会造成在进餐过程中教师根据幼儿的喜好加餐，导致幼儿挑食、营养不良的问题。

综上，幼儿园大班管理中的问题，既有幼儿园教育教学管理问题，也有教师教育教学设计问题；既有幼儿自身能力不足与教师估计过高问题，也有家长“望子成龙”“急功近利”问题。这些问题必须彻底解决。

二、幼儿园大班常规管理存在问题的矫正措施

1. 教育制度管理层面

针对幼儿园大班教育“小学化”倾向问题，上级主管部门要组织专家加大对幼儿园大班教育教学情况的督查，充分了解问题发生的原因、问题存在的客观条件，帮助“问题幼儿园”寻找解决问题的办法，矫正被扭曲的教育教学目标和教育教学模式。对“小学化”倾向问题严重的幼儿园一律叫停，对严格贯彻执行《纲要》的幼儿园给予大力表彰，旗帜鲜明地为当地幼教行业树立榜样。

2. 幼儿园及教师层面

（1）大班教育教学设计。

针对幼儿园大班教师教育教学“目标不清”问题，幼儿园要加大教师素质提升培训力度，针对教师的师范技能进行专业培训与考核。

对教师素质提升的培训，重在对教师教育教学理念的培训；对教师教育技能提升的培训，重在让教师理解围绕教育教学目标设计游戏活动的目的，掌握围绕教育教学目标设计游戏活动的方法。

（2）大班毕业汇报准备。

幼儿园教育教学管理者要分工负责，专人蹲点落实大班毕业汇报准备工作，随时提醒大班教师注意克服散漫化倾向。指导大班教师有创意地准备毕业汇报工作，帮助教师留意大班幼儿在准备活动中出现的行为散漫化现象，及时提醒教师矫正幼儿行为。同时，降低大班毕业汇报热度，纳入正常教育教学目标管理。

（3）大班教师分工。

幼儿园管理者要有针对性地强化大班搭班教师的教育与管理，加大大班搭班教

师分工责任考核力度，提醒大班教师对大班幼儿仍然需要细致管理。

3. 幼儿自身和家长层面

（1）幼儿“明知故犯”问题及其矫正。

有些大班幼儿表现出粗心大意、做事莽撞，每次造成失误或错误的时候，他们不仅会非常痛快地表示自己错了，而且还会表示再也不会这样了，并请求家长原谅。面对幼儿这样的行为，家长以为幼儿已经认错了，就没有必要再追究了。可是，一段时间后，家长发现自己的孩子并没有改正。

面对幼儿行为中的这些问题，家长既不能掉以轻心、放任不管，也不能大惊小怪、夸大处理。因为绝大多数幼儿发生这些问题，并不是幼儿真的“明知故犯”，而是大班幼儿身心发育特点所致。他们对周围的事物好奇，想探究竟，但他们并不能很好地控制自己的行为，导致问题发生。由于家长平日里对幼儿发生这些问题的矫正仅停留在“让幼儿认错”的层面，并没有帮助幼儿从根本上解决“错在哪里”“怎么改”的问题，所以造成幼儿“明知故犯”的假象。

在幼儿发生问题时，家长要耐心等待幼儿讲出问题发生的全部经过。然后帮助幼儿在厘清问题发生经过的同时，一步一步分析问题发生的原因、幼儿自身在问题发生过程中担任了什么角色、这个错误造成了什么样的不良结果、幼儿应该承担什么责任等。这样的家庭教育才能从根本上帮助幼儿解决问题，幼儿才有可能不会“一错再错”“明知故犯”，这样的家庭教育才有助于幼儿身心健康成长，才能培养出有责任、有担当的幼儿。

相反，如果家长在帮助幼儿解决问题的过程中，不问缘由、不让申辩就大发雷霆，甚至武断地给幼儿扣上各种“帽子”，会对幼儿自尊心造成极大地伤害。时间久了，幼儿就会有意与家长对着干，甚至“破罐破摔”。所以，家长要明白，幼儿成长过程中发生的许多问题，是自己教育不当所致，不应一味地把所有的问题都推到幼儿身上。

（2）幼儿“只能赢不能输”习惯及其矫正。

大班幼儿参加各种活动和比赛的机会越来越多，且大班幼儿自我意识增强，对参加活动和比赛中的输赢也越来越在乎。由于他们在家庭生活中处于“众星捧月”的地位，于是就形成了只习惯“赢”，不能接受“输”的思维定式。所以，当他们在活动或比赛中输了，往往不愿面对现实，会采取大哭大闹甚至大打出手的方式来取得他们想要的结果，完全不顾及规则。

有的幼儿“只能赢不能输”的思维定式的形成是受家长影响的。如：有些家长为了培养幼儿所谓“兴趣爱好”，在和幼儿游戏过程中故意输给幼儿，以至于误导幼儿形成“只能赢不能输”的认识。还有的家长自己个性好强，把“事事都要争第一”的思想有意无意地传导给了幼儿，幼儿也因此形成“只能赢不能输”的认识。有的家长把自己无法实现的梦想强加给幼儿，对幼儿要求过高，试图让幼儿实现其梦想，让幼儿幼小的心灵承担了过大的压力。

面对这样的幼儿，第一，家长要有意识地帮助幼儿改变已经形成的“唯我独尊”的思维习惯，慢慢地学会接受不如意的结果。第二，家长要有意识地改变个性好强的习惯，平和心态，接受生活中不如意的事，教育幼儿懂得“山外有山，人外有人”的道理。第三，家长要有意识地引导并陪伴幼儿多看体育等各类比赛，告诉幼儿这些比赛的评判规则，引导幼儿在观看比赛中明白规则的重要性。第四，开展家庭运动项目比赛，轮流担任裁判，讲清楚比赛规则，让幼儿在比赛中有输有赢，体会并学习正确面对输赢。第五，家长要接受幼儿成长过程中的成功与失败，切不可在幼儿成功时表现出过分得意，在幼儿失利时表现出失望，甚至愤怒。

（3）幼儿好动及其矫正。

大班幼儿由于身心发育需求，有了表达和运动的需求，有的表现为“好动”，这是非常正常的。由于他们的“好动”，导致做事不能坚持，注意力分散，甚至有的幼儿被怀疑得了“多动症”。其实，对于大班幼儿来说，大部分的“好动”目的性非常强，只是为了引起家长或教师的关注，这种“好动”并没有影响幼儿的正常生活和学习。对于这样的幼儿，家长和教师要及时引导他们以正确的方式表达诉求。

有的幼儿“好动”是由于他们从小生长的环境干扰过多，导致他们不能专心做事，注意力不集中。如：幼儿小时候独自玩耍时，家长不放心，一会送吃的、一会送喝的，对幼儿干扰过多；有的家庭成员过多，环境嘈杂，幼儿无法专心做事；有的幼儿从小玩具种类和数量过多，玩玩具时选择困难，手里玩着这个玩具，心里却想着另外一个玩具。对于这样的幼儿，家长应努力营造安静的环境，给幼儿留出独处的空间和时间；对孩子的玩具做减法，通过“合并同类项”的方法减少玩具数量，陪伴并引导幼儿玩玩具时专心致志。

有的幼儿“好动”是因为自我控制力弱，经不住周围人或事的诱惑。对于这样的幼儿，家长和教师都要特别注意严格要求并通过适当训练来矫正。如：家长可以陪伴幼儿玩有一定难度的拼图游戏。游戏过程中，家长要耐心地和幼儿一起认真观察，完成对拼图整体形状的认知，在此基础上认真分析每块拼图的形状和拼图中空白部分的形状的相似（相同）度，然后和幼儿一起尝试着一块一块地把图拼到空白处。完成这个游戏一般需要比较长的时间，幼儿在拼图游戏过程中可能会表现出不耐烦或焦躁的情绪，甚至提出放弃玩这个游戏的要求。这时候，家长一定不能着急发火，应利用已经拼好的图鼓励幼儿完成这个拼图，调动幼儿的自信心。这样较为持久的游戏活动，有利于培养幼儿认真观察的习惯，提高幼儿的专注力。总之，家长陪伴幼儿参加一些相对安静的学习或游戏活动，比如书法、棋类等相关活动，对培养幼儿自控力非常有帮助。

对于“多动症”幼儿，家长应带幼儿去医院进行专业治疗。同时，家长和教师切不可武断地到处与人说幼儿得了“多动症”，要出于对幼儿自尊心的保护，为幼儿保密。如：家长可以和幼儿协商，共同制定行为规则，共同制定行为记录表。在争得幼儿同意的基础上，让幼儿自己记录遵守规则的情况，并告诉幼儿家长那里也有一份同样的记录，三天之后对比两份记录，如果完全一致，幼儿就会收到小礼物作为奖励。之后逐渐地延长记录对比时间，逐渐将幼儿的专注方向和注意力引导到学习上来。

（4）幼儿私自将幼儿园物品带回家及其矫正。

有些幼儿并没有建立“归属概念”，误以为只要是自己玩过的玩具就是自己的，自己喜欢的东西就可以拿回家。对于幼儿的这种行为，家长需教育幼儿懂得“别人的东西在没有得到人家许可的情况下是不能拿回自己家的”，帮助幼儿建立“归属概念”。同时，家长要主动与教师沟通，带着幼儿找适当时机把东西送回幼儿园。

有些幼儿从小形成了“想要什么就得有什么”的观念，形成了极强的占有欲，因此，在他们的眼里，幼儿园的物品、玩具都是自己的，自己想带回家就可以带回家。面对幼儿的这种行为，家长首先要做的就是矫正幼儿的占有欲，耐心地引导幼儿思考：“如果每个小朋友因为喜欢某个玩具就带回家，那么过几天幼儿园的玩具是不是越来越少，老师组织小朋友们玩游戏还有玩具吗？”进而告诉幼儿：“不能因为喜欢，就把不是自己的东西带回家。幼儿园的东西并不属于自己，当然不能带回家。”如果幼儿能够想明白这些问题并接受这些道理，家长要善于抓住教育契机，进一步教育幼儿：“每个人随着年龄的增长，都会发现世界上有好多东西不是我们想要就能够得到的。”启发幼儿思考：“如果有一天，爸爸、妈妈没有能力满足你所有的需要，你该怎么办？”这个问题的延伸，有助于幼儿慢慢懂得想要拥有就要通过努力来实现，而不是去把不属于自己的东西“拿”回家。

有些幼儿因为控制力差，明知不是自己的玩具也要带回家，而且还“藏”起来。这类幼儿的行为就有点“明知故犯”的意味了。家长要严厉指出幼儿行为错误的严重性，让幼儿明白这种行为对一个人来说有什么危害，同时要心平气和地与幼儿沟通，了解幼儿这种行为发生的原因，并帮助幼儿矫正控制力差的问题。

还有些幼儿在游戏过程中把喜欢的玩具或东西顺手放进兜里，离园时忘记把东西放回去而带回家里。这类幼儿的行为基本属于无意行为，家长切不可“小题大做”，首先要选择相信幼儿不是故意行为；其次，要语气平和地与幼儿沟通，了解幼儿为什么会把幼儿园的东西拿回家；最后，要启发幼儿想想如何把东西还回幼儿园。

（5）幼儿“丢三落四”及其矫正。

许多家长把幼儿应该自己做的事情都“包办”了，久而久之，幼儿便养成“凡事不用操心，反正有人操心”的习惯。幼儿到了幼儿园，已经养成的习惯并没被矫正，所以就会出现“丢三落四”的问题。当幼儿出现“丢三落四”的问题时，家长不必过度紧张，也不必过于谴责幼儿“健忘”，而是要改变自己的行为习惯，修正自己“包办”的问题，把幼儿能做应做的事情交给幼儿来完成。家长在“放手”的时候，要在不同时段里一件一件有秩序地放给幼儿，让幼儿在不同时段里有秩序地一件一件地完成不同的任务，让幼儿在完成任务的过程中体验自己做事的快乐与成就感。切不可一下子把所有事情都“堆”给幼儿，让幼儿无从下手，从而导致幼儿厌恶做事的情绪发生。

有的幼儿“丢三落四”并不是家长“包办”的结果，而是因为幼儿自身性格急躁所致，经常表现为没有耐心把教师或家长的话完全听完就去做事。对于这样的幼儿，家长在日常生活中要有意识地磨砺他们的性格，有意识地让幼儿放慢节奏，培养幼儿认真、耐心地倾听能力，帮助幼儿进行矫正。如：以全家外出旅游为例，告诉孩子出门旅游的必备用品有哪些，准备这些用品应该注意的事项是什么，并让幼儿去完成这个任务。为了保证幼儿能够顺利完成任务，家长布置任务时要有意识地把这些任务分解成若干小任务，交代任务时也要有意识地在语气、语调、语速等方面有所变化，观察幼儿是否在自己布置任务全过程中认真、耐心地倾听。把任务交给幼儿之后，家长有意识地躲开，给幼儿独立完成任务的空间和时间。待幼儿完成任务后，和幼儿一起检查完成情况，发现有遗漏的地方，依然要交给幼儿去弥补。最后，家长和幼儿一起回顾整个过程，让幼儿说说他是怎么完成任务的，在完成任务过程中有什么感受，为什么会出现遗漏，在弥补遗漏的过程中想了什么等。

还有的家长做事随意，生活中缺少规则与条理，东西乱扔、乱放，经常出现有需要却不能及时找着东西的状况。受家长影响，幼儿也养成了做事随意、不讲究规则与条理的习惯。这些行为的矫正，需要家长努力调整、矫正自己。一方面带领幼儿一起立规矩，共同遵守、互相监督；另一方面在执行规矩的过程中要与幼儿处于平等位置，不搞“特权”。

有的幼儿因为发育慢，理解力和记忆力比较弱，一时间接收信息过多就会丢三落四。针对这样的幼儿，家长和教师在布置任务时，要把较为复杂的任务分解成一个个简单任务，要求幼儿把任务一个一个都记录下来，养成记录的习惯。这样就可以帮助幼儿避免丢三落四了。

4. 社会评价层面

无论是幼儿园还是家长，进行评价时习惯于把评价对象单一地定位于幼儿，而对幼儿进行评价时，常常会把注意力集中在与幼儿学习相关的层面，而幼儿的个人习惯与品德如何则常常被忽略。而对于幼儿来说，他们能否健康、顺利成长，则不仅有幼儿园教师的作用，还有家长的作用。所以，不仅在评价内容层面应该是三维的，而且在评价对象层面也应该是立体的。

（1）幼儿园教育教学评价。

幼儿园所有的教育教学活动中，都有教师、保育员和幼儿参与。从教育教学活动设计、组织、结果评价来看，主要呈现的是教师们的能力与水平。幼儿能否在教师设计、组织的系列活动中获得应有的成长，是对教师教育教学效果评价的主要指标；幼儿在与教师和保育员朝夕相处的过程中，能否矫正不好的习惯与品质，形成良好的习惯与品质，是对教师和保育员教育效果评价的主要指标。

（2）家庭教育评价。

对于幼儿成长来说，幼儿园教育固然重要，但家庭教育的作用更不容忽视。幼儿大多时间是和家长朝夕相处的，他们的成长不可避免地要受到家长的影响，在他们心目中“爸爸、妈妈无所不能”，他们有意无意地会模仿家长的言行。我们经常发现，家长有什么样的语言习惯幼儿也会有，家长有什么样的生活习惯幼儿也会有……可见，幼儿的习惯与品德是在家里形成的，幼儿园和学校教育更多的是起到深化或矫正作用。

因此，无论是家长还是幼儿园在评价幼儿的时候，一定不能忽略对家庭教育的评价。

（3）幼儿接受教育评价。

大班幼儿的自我意识和自我评价得到了初步发展，对周围的人或事开始有了自己的判断和评价。对于他们喜欢的人或事发自内心地包容，对于他们不喜欢的人或事发自内心地厌恶。这些情感的发生，一定程度地影响着他们对其所接受教育的选择，尤其是对实施教育的人的选择。

无论是教师还是家长，要想对幼儿施教，都必须得取得幼儿的信任、尊重与敬佩。因此，当评价幼儿接受教育状况的时候，不要只针对幼儿自身做出评价，还要对实施教育的人做出评价。从不同角度分析幼儿身上存在的问题，从不同层面给予解决，才更有利于幼儿健康成长。

练习与思考

1. 幼儿园大班常规管理中存在的问题有哪些？
2. 幼儿园大班常规管理中存在问题的矫正措施有哪些？

参考文献

1. 王东红，王洁 . 学前儿童卫生保健 . 北京：高等教育出版社，2017.

2. 胡海建，李晖 . 应用学前教育管理学 . 武汉：华中科技大学出版社，2017.

3. 张彧，陈秀媚，梁艳珍 . 幼儿园班级管理 . 长春：吉林大学出版社，2015.

4. 吴丽娟 . 幼儿园工作流程图管理中的“小规矩”. 长春：东北师范大学出版社，2016.

5. 程志龙，程志宏 . 学前教育管理学 . 北京：北京师范大学出版社，2015.

6. 张莅颖 . 幼儿园班级管理 .2 版 . 北京：高等教育出版社，2019.

7. 袁爱玲，廖莉 . 幼儿园环境创设理论与实操 . 上海：华东师范大学出版社，2017.

8. 李惠英 . 幼儿园班级管理 . 北京：高等教育出版社，2015.

9. 俞燕婷 . 大班幼儿自我管理能力的培养 . 华夏教师，2019（25）.